はじめに

本書は、サブスクリプション・サービス（以下、サブスク）やシェアリング・サービスなどの「**持たない消費」を理解しながら、新しい時代に適応したマーケティングのあり方について考えることが目的です**。特に、「モノ」のサブスクとシェアリング・サービスを手がかりに考えていきます。

これらのサービスは、すでに我々の生活の中にも浸透しつつあります。

例えば、筆者（髙橋）の場合、以下のようなサービスを利用しています。

・毎月、定額で記事が読める電子版の新聞やビジネス系の雑誌を購読している。

・「アマゾン」（Amazon）のプライム会員の特典を利用し、日曜日の夜は好きな映画を「プライム・ビデオ」で楽しんでいる。

・テーマパークに行くときや、子どもの習いごとの遠征試合で会場の近隣の駐車場を探すときは、事前予約できて、一定額の「アキッパ」（akippa）（駐車場のシェアリング・サービス）を利用する。

・（新型コロナウイルスが流行する以前は）友人たちとの旅行で、「エアビーアンドビー」（Airbnb）を利用して現地の観光を楽しんでいた。また、ゼミの学生たちもエアビーアンドビーで大きな一軒家を借りて、卒論の追い込みや打ち上げをしたりしていた。

本書を手に取ってくれている読者の皆さんも、サービスは異なれど、筆者と同じような行動を取っている部分があるのではないかと思います。

サブスクやシェアリング・サービスが浸透してきた背景や利用実態についての詳しい内容は、次の章から順に説明していきますが、世の中にはすでにサブスク、シェアリング・サービスに関する書籍がいくつか存在します。しかし、どのような消費者に、どのような価値を提供し続けられるのか、という**「消費者の視点」でこれらの新しい消費の仕方について考えたものはあまりないのが現状です。**また、海外の最新ジャーナルでサブスクを利用する消費者の気持ちや価値観に関する研究を探しても、（私の検索能力不足かもしれませんが）ピンとくる論文はまだ少ししかありません。ビジネスにおいてもアカデミックな研究においても、デジタルな時代に応じたこの新しいサービスについて、利用者の気持ちを理解し、そこに寄り添うためにはどうあるべきかを検討する意義は大いにありそうです。なお、本書のタイトルは「持たない時代」としていますが、消費者視点や消費者の理解を大切にしながら、サブスクやシェアリング・サービスについて検討していきますので、主な内容は「持たない消費」として進め、最後に「持たない時代」のマーケティングとしてまとめます。

本書の具体的な構成は以下のとおりです。

まず、第1部では、サブスクやシェアリング・サービスなどの「持たない消費」の実態や価値観について紹介します。第1章で、サブスクやシェアリング・サービスが浸透してきた背景にある環境や社会的な要因と、新しいこれらの消費スタイルが消費者行動のプロセスに与える影響について紹介します。続く第2章で、本書で取り上げる「持たない消費」の定義を行い、第3章と第4章では、具体的なサブスクやシェアリング・サービスの利用実態とともに、利用する理由や利用しているときの気持ちと満足度の関係について明らかにします。その後、第5章では、消費者の心理的な要素や価値観（例えば、モノに対する愛着や所有欲、環境意識、金銭感覚、選択肢の多さや転売などに対する反応）などに基づいて、消費者のタイプ分けを行います。具体的な購買履歴データや生活者インタビューなども含めて第6章で、それぞれのタイプの特徴をペルソナという形で紹介します。

第2部では、企業の取り組み事例を紹介します。第1部で明らかになったサブスクやシェアリング・サービスを利用する際に求められる5つのグループに沿って、6つの企業の取り組み事例（エアビーアンドビー、カレコ、アイカサ、エアークローゼット、サブスクライフ、無印良品）を紹介します。関連書籍にあるような単純な事例紹介ではなく、「利用者のどのような価値観にフィットしているのか」といった点をふまえた提供価値や、企業の存在価値に焦点を当てながら、消費者（や利用者）に求められるサービスとは何かについて考えていきます。とりわけ、これから伸びてくることが予想される「モノ」のサブスクやシェアリング・サービスについて紹介していきます。

第3部は、第1部と第2部で明らかになったことを整理しながら、サブスクやシェアリング・サービスの提供価値と「持たない時代」のマーケティングについて議論します。まだ多くの企業においても、これらのサービスについて取り組みを検討し出した段階にあると思いますが、今後、ますます増加していくサービスであるため、参入企業も増えることが予想されます。本書の調査や先行事例で抽出した提供価値などをふまえ、サブスクやシェアリング・サービスをどのように位置づけるべきか、「持たない時代」のマーケティングとして、どのような要素を検討すべきかといったビジネスの可能性について、企業の視点で議論していきます。なお、本書は消費者との接点のあり方や価値の提供を中心に検討した書籍であるため、ビジネスモデルに関連する収益性や、ビジネスモデルの裏側（バック・システム）についての細かな議論は、刊行されている他の書籍に譲ります。

本書は、第1部・第2部・第3部ごとに視点を変えていますので、「持たない時代」の消費者についての理解を深めた上で、それに対応しようとする企業の事例について知りたいときは、第1部から順番に読み進めてください。モノのサブスクやシェアリング・サービス企業の具体的な取り組みとそこで提供される価値が何なのか、という点を中心に読みたいときは、第2部から、本書のまとめや「持たない時代」のマーケティングについて知りたいときは、第3部から読み進めていただくことも可能です。各章の最後に、その章のポイントを入れていますので、そのポイントをさっと眺めた上で、各章を読んでいただいても結構です。

本書は、髙橋広行（同志社大学商学部教授）、財津涼子（CCCマーケティング総研）、大山翔平（CCCマーケティング総研）の3名で分担して執筆しています。同志社大学とCCCマーケティング総研との共同研究として2020年9月からスタートした「アフターコロナ時代における消費者理解とデジタル活用、ライフスタイル研究」の成果の一部としてまとめたものです。髙橋が共同研究プロジェクトをリードさせていただきながら、本書の内容を設計し、3人で調査を進めてきました。本書で紹介する調査結果はすべて、カルチュア・コンビニエンス・クラブ株式会社（CCC）が運営するT会員（全国約7000万人）に対して行ったものです。インターネットを通じて行った量的調査、具体的な消費者タイプを知るために行ったインタビュー調査もすべて、T会員を対象に行ったものです。また、第2部で紹介する企業の取り組み事例のいくつかについてもTポイントの提携企業先（アライアンス）に対してインタビューしたものであり、CCCマーケティングのつながりや強みを活かした研究成果になっています。

なお、本書の内容は、一部、日本マーケティング学会で発表した内容も含まれていますが、すべて初出（オリジナル）です。コロナ禍の中で、オンラインミーティングを繰り返し、企業インタビューも消費者調査もすべてオンラインで行い、短期間でまとめあげた内容です。まだまだ至らない点もあるかと思います。特に、「持たない時代」のマーケティングのあり方を示すために提唱した最後の第14章は、少し大きな視点で議論していますので、色々とご意見もあると思います。モノのサブスクの普及も、純粋なシェアリング・サービスの普及もまだこれからの段階ですので、今後、市場のあり方も大きく変わっていくかもしれません。その点も含めて、本書が読者の皆さんと一緒にこのテーマについて考える機会になれば幸いです。

2022年3月10日

筆者を代表して　髙橋広行

「持たない時代」のマーケティング―サブスクとシェアリング・サービス―●目次

第2部 企業の取り組み事例（どのような価値を提供しているのかを考える）

第7章 体験価値の提供：Airbnb（エアビーアンドビー）

第8章 「アクセスのしやすさ」という価値：careco（カレコ）

第3部 「持たない時代」のマーケティングに向けて

資料編

第1部

「持たない時代」の消費者理解

第1章

「持たない消費」とそれを取り巻く環境

1　「持たない消費」とは
—サブスクとシェアリング・サービスを中心に—

この章では、新しい消費のあり方として浸透しつつある、サブスクリプション・サービス（以下、サブスク）とシェアリング・サービスについて概説した後、このような「持たない消費」が浸透してきた背景や、消費者行動にもたらした変化について紹介します。本書の土台となる章ですので、できるだけ大きな視点でこの新しい消費のあり方について紹介していきたいと思います。

まず、サブスクについて説明します。サブスクは、単に定額制課金のことのように認識されていますが、実際には少し意味が違うようです。確かにサブスクリプション（Subscription）とは、「申し込む」や「定期購買する」というSubscribeの名詞形で、会費、予約金、年間購読という意味があり[1]、消費者がモノやサービスにアクセスするための費用を定期的に繰り返して支払うビジネスのことです[2]。言い換えれば、消費者と事業者が一定期間において「契約関係」にあり、その間に利用に対する料金の支払いがある状態を指します[3]。その意味においては、従来の新聞購読などのように定額販売として、一定期間に料金を定額で支払うという理解で良いのですが、それだけではな

1　青木孝次（2018）「『サブスクリプションモデル』は今後さらに広がるのだろうか？：On-lineからOff-lineへのサービス進展の中で」『経営情報学部論集』32(1･2), 55-69。なお、サブスクリプションの他の意味としては、文章に添えられた書き込み（Subscript：名前、メモ）などの2つの当事者が関わる場合に取り交わす合意内容や協定、関係を指します（Tzuo, T. & G. Weisert (2018) *Subscribed: Why the Subscription Model Will Be Your Company's Future- and What to Do About It*, Portfolio. ティエン・ツォ＆ゲイブ・ワイザート、桑野順一郎監訳・御立英史訳（2018）『サブスクリプション：「顧客の成功」が収益を生む新時代のビジネスモデル』ダイヤモンド社）。

2　McCarthy, D.M., P.S. Fader & B.G.S. Hardie (2017) Valuing Subscription-based Businesses Using Publicly Disclosed Customer Data, *Journal of Marketing*, 81(1), 17-35.

3　川上昌直（2019）『つながりの作り方』東洋経済新報社。

く、サブスクによる顧客と企業との関係は、1回限りの購買よりも強いつながりとなるため、[4] サービスを提供する企業には、常に変化する利用者のニーズやウォンツに沿った対応や提案が求められます。実際、近年成功しているサブスクは、オンライン・プラットフォームを通じたサービスを提供することで、顧客の行動やニーズを理解し、それに対応した提案を通じて提供価値を高め、必要に応じて退会や休止をしやすい工夫も行うことで、長く継続して利用してもらう関係づくりを行っています。[5] その意味で、従来のような定額制課金という意味だけではなく、顧客が必要になったときに、すぐにアクセスできる環境を用意し、不要になった際には使わないという柔軟な選択肢を用意できるオンライン・プラットフォームの存在が重要になってきています。

次に、シェアリング・サービスについても少し触れておきます。「シェアリング」とは共有するという意味です。これまでも、家族や友人など親しい関係においては当たり前のように1つのモノを共有して利用してきたと思います。自動車を共有して利用したり、音楽を一緒に聴いたり、料理を取り分けて食べたり、漫画を貸し借りしたりすることです。ただし、本書で示すシェアリング・サービスはもう少し範囲が広いもので、オンライン・プラットフォームを通じて、家族や友人ではない他人とモノなどを共有するサービスを指しています。

第2章で詳しく触れますが、シェアリング可能なものには、空間・移動・スキル・お金・モノの5つがあります。本書は主に、モノのシェアリング・サービスに限定して取り扱いますので、

4 Bischof, S.F., T.M. Boettger & T. Rudolph (2020) Curated Subscription Commerce: a Theoretical Conceptualization, *Journal of Retailing and Customer Services*, 54, 1-15.
5 Tzuo & Weisert (2018) 前掲書。
Tao, Q. & Y. Xu (2018) Fashion Subscription Retailing: an Exploratory Study of Consumer Perceptions, *Journal of Fashion Marketing and Management*, 22(4), 494-508.

空間・移動・モノに注目し、スキルやお金までは取り扱いません。このシェアリング・サービスとして適しているモノは、自動車などの資産価値が高い一方で、利用頻度がそれほど高くないものであるといわれています。[6] 今後、ますます世の中の考え方が「モノを所有すること」から「借りる・シェアする」といった流れに向かっていくことが予想され、シェアリング・サービスを中心に生きていくという人も徐々に増えつつあります。[7] シェアリングに必要とされるものは、つながりや信頼であり、[8] 新型コロナウイルスの影響もあり、働き方や生活様式も大きく変わっていくことから、今後こうしたサービスはさらに浸透していくと考えられています。

ここで示したように、近年、徐々に利用者が増えているサブスクもシェアリング・サービスも、オンライン・プラットフォームの存在が重要です。この状況をふまえ、本書で取り上げる「持たない消費」と従来の新聞購読のような定額販売とは何が違うのか、という点について簡単に紹介しておきます。

サブスクやシェアリング・サービスといった新しい消費のあり方が浸透してきた背景には、インターネットやデジタル化の進展が関係しています。デジタル化が進み、人々がオンライン上でコミュニケーションできる場所（オンライン・プラットフォーム）が登場したことで、新しいつながりを作り出せるようになり、必要なときにそこに「アクセス」し、必要な時間

6　Gansky, L. (2010) *The Mesh: Why the Future of Business Is Sharing*, Portfolio.（リサ・ガンスキー、実川元子訳（2011）『メッシュ：すべてのビジネスは〈シェア〉になる』徳間書店）。
水越康介（2019）「チャネル戦略の拡張：ウーバー」西川英彦・澁谷覚（編著）『1からのデジタル・マーケティング』碩学舎、奥瀬喜之（2020）「デジタル化時代のプライシング」『組織科学』54(2), 16-25。
7　石山アンジュ（2019）『シェアライフ』クロスメディア・パブリッシング。
8　石山（2019）前掲書。

や必要な量だけ利用することが可能になりました。これが一律で決められた量、期間でしか受けることのできない従来のアナログな時代のサブスクとの大きな違いです。この点をふまえ、本書で取り上げる「持たない消費」はこの「プラットフォームを通じて形成される消費のあり方」を必要条件とします。そして、「サービスを受ける際に支出はするが、所有権は利用者に移転しない」という前提を置き、他者と共有（シェア）し合うモノやサービスまでを含めます。ただし、レンタルや一定期間、契約して借り続けるリースや賃貸（住宅）などの、以前からあったビジネスは取り扱いません。詳しくは第2章で定義していますが、先に少しお伝えしますと、**「所有権の移転を伴わず、（オンライン）プラットフォームを通じて、継続的な契約関係を通じた利用」という消費のあり方として、本書ではサブスクとシェアリング・サービスを「持たない消費」と位置づけて調べていきます。**

そのため、一旦所有したものを「メルカリ」などのフリマアプリや、フリーマーケットで販売したりする「転売」についても、本書では深く取り上げません。ただし、消費者の価値観を調べていくと、モノに対する考え方の点で、転売を積極的に行う層も一定数存在しますので、そういった消費者像がどのようなタイプなのかについては触れていくことにします。

2 「持たない消費」に影響する4つの環境要因と、従来型のマーケティングの限界

ここまで説明した新しい消費のあり方が浸透してきた背景には、前述した**オンライン・プラットフォームやデジタル化といった技術的な要因に加え、社会や環境の変化、政治的な要素などの4つの環境要因が影響しています**[9]。

1つ目は、社会的・文化的な環境の変化です。人口減少や少子高齢化に伴う変化や、社会との関わり方の変化に関する視点です。特に近年においては、新型コロナウイルスの感染拡大が大きく影響しています。オフィスに出社せず、自宅で働く「テレワーク」の浸透や、他人との距離を取る「ソーシャルディスタンス」、感染予防のための新しい行動様式である「ニューノーマル」など、消費者を取り巻く社会環境が大きく変化し、それとともに、1人で（あるいは家族と一緒に）自宅で過ごす・自宅で楽しむというライフスタイルへと大きく変わりつつあります。制約された状況の中、自宅でできる体験や動画視聴などが1つのジャンルとして大きく成長してきています。新型コロナウイルスが収束しても、一日、生活に浸透した習慣のいくつかは残っていくことが予想されます。

社会全体においても、環境破壊や無駄をなくそうとする動きがみられます。資源を見直し、で

9　青木幸弘（2012）「消費者行動の変化とその諸相」青木幸弘・新倉貴士・佐々木壮太郎・松下光司著『消費者行動論：マーケティングとブランド構築への応用』有斐閣アルマ。

きるだけ無駄にしないことで地球環境に対する配慮を高めようとする「ＳＤＧｓ」（持続可能な開発目標）や、「サーキュラーエコノミー」[10]（循環型経済）の考え方が提唱され、企業を中心に、資源の無駄遣いの防止や有効活用の意識が高まりつつあります。企業側の取り組み例として、スターバックスのプラスチックのストローが紙のストローになったり、日清のカップヌードルのフタを留めるシールがなくなったりしています。他にも、全国のスターバックス店舗から年間約１００トン出る牛乳パックを丁寧に回収し、リサイクルすることでコクヨのキャンパスノートの表紙として再活用した「スターバックス キャンパスリングノート」[11]などが注目を集めています（図表１－１）。これらの取り組みは、プラスチック原料の使用削減やリサイクルを意識した活動です。多くの企業が、環境や社会に配慮した取り組みを実践するようになってきており、これが当たり前の世の中になりつつあります。

図表 1-1 スターバックス キャンパスリングノート

出典：筆者撮影。

10 赤穂（2021）によれば、欧州連合（EU）のサーキュラーエコノミーの定義をもとに「それまでの大量生産・大量消費が一方向の（Linear）経済であるのに対し、製品や部品をメンテナンスや洗浄をして再利用したり、廃棄された資材をリサイクルしてまた素材として有効活用することや、製品の利用形態を所有からシェア型へと変換させ、資源を極力循環（Circular）させていこうとするもの」であると説明している（赤穂啓子（2021）「サーキュラーエコノミーとはなにか」梅田靖・21世紀政策研究所編著『サーキュラーエコノミー：循環経済がビジネスを変える』勁草書房）。

11 株式会社コクヨのニュースルームサイト（https://www.kokuyo.co.jp/newsroom/news/category/20200826.html：2021年11月７日アクセス）より引用。

消費者側においても、新型コロナウイルスの影響でステイホームが続いたことで、生活空間の見直しや無駄な消費を控える行動などにつながり、環境に優しく、できるだけ無駄な消費をしない「サステナブル消費」が意識されるようになってきています。SDGsについて実際に2021年に調査をしたところ、SDGsの17項目のすべてに対して日本人の約半数が、関心を示していることもわかってきました。[12] さらに、新型コロナウイルスの影響で休業を余儀なくされている飲食店や不振店を支援したり、困っている生産者や飲食店を応援したりする「応援消費」なども増えています。東日本大震災から続く、他者のことを思いやりながらモノを購入・消費する「エシカル（倫理的）消費」と相まって、エコロジーやエコノミーに関する意識（経済的変化）が少しずつ、高まりつつあります。[13]

2つ目は、技術的・環境的要因の変化です。もともとスマートフォンをはじめとするデジタルデバイスは広く浸透していましたが、新型コロナウイルスの影響もあり、デジタルツールの普及やデジタル・コミュニケーションの利用が一気に進みました。例えば、QRコード決済アプリサービスや動画配信サービスの利用が増え、Zoomなどを中心とするデジタルツールを使った会議や飲み会なども一般的になりました。映画やドラマ、バラエティ番組でもこういったデジタルツールを使ったシーンが珍しく

12　吉田秀雄記念事業財団が2021年10月中旬に実施した研究支援消費者調査の結果を引用しています。調査概要として、首都圏と近畿圏（東京、神奈川、埼玉、千葉、大阪、京都、兵庫、滋賀、奈良、和歌山）を中心に、満15歳から64歳の男女を対象に、インターネットによる質問票調査を実施したものです。それぞれの項目に対して「とても関心がある」もしくは「やや関心がある」と回答した人の割合は、45.0%から57.7%に上りました。特に、「すべての人が健康な生活を送れること」（57.7%）、「ずっと住み続けられるまちづくり」（56.8%）、「すべての人に清潔な水と衛生的なトイレ環境が得られること」（56.0%）、「海や陸のいのちを守ること」（55.4%）、「すべての人に平和で公正な社会であること」（55.4%）のスコアが高い傾向にありました。

13　髙橋広行・豊田尚吾（2012）「倫理的消費商品と消費者心理との関連性」『繊維製品消費科学』53(12), 1044-1052、渡辺龍也（2014）「『応援消費』東日本大震災で『発見』された消費の力」『現代法学』26, 311-342。

なくなりました。デジタル化を中心とする技術的な環境が向上し、インターネットで人々がつながりやすくなればなるほど、デジタル上で人が集まる（アクセスする）場所であるプラットフォームの価値がますます高まっていくことが予想されます。こういったデジタル化とプラットフォームの発展によって、モノだけにとどまらず、様々なものがシェアリングできるようになってきました。

3つ目は、経済的な要因です。新型コロナウイルスの影響を受けて、生活や収入面に対する不安、雇用への不安などが高まっています。このような不安から、不必要なモノや利用頻度の低いモノを買い控える消費者も増え、[14] もともとあった若い年代を中心とした「モノ離れ」にさらに拍車がかかっています。また、最近のデータをみるとモノを購入せずに、シェアリング・サービスで必要なときだけ自動車を利用するといった20代も増えており、[15] ますます持たずに消費するあり方が加速していくと考えられます。

4つ目は、政治的な要因です。行政の方針や地方自治体の方針は、消費にも影響を与えます。例えば、副業・兼業を促進するべく、政府の働き方改革実行計画に関連して「モデル就業規則」が2020年11月に改定されました。[16] また、SDGsの方針などは、地方自治体の行動指針にも反映され、その地域に住む消費者の生活にも影響します。現在、筆者（髙橋）は京都市の消費生活審議委員を担当していますが、その審議会においても「消費

---

14 「消費者意識は「withリスク」へ：節約・持たない暮らしへと変わる」『日経クロストレンド』（https://xtrend.nikkei.com/atcl/contents/18/00456/00005/?i_cid=nbpnxr_parent：2021年5月14日アクセス）

15 「『若者の車離れ』のウソ：コロナ禍で変わったZ世代の実態」『日経クロストレンド』（https://xtrend.nikkei.com/atcl/contents/casestudy/00012/00613/?i_cid=nbpnxr_parent：2021年5月14日アクセス）

16 2018年1月、モデル就業規則を改定し、労働者の遵守事項の「許可なく他の会社等の業務に従事しないこと。」という規定を削除し、14章「副業・兼業」についての規定を新設しています（https://www.mhlw.go.jp/content/000496428.pdf：2021年11月7日アクセス）。

生活基本計画」を見直し、SDGsへの対応としてのエシカル消費の普及や、モノの使い手の安心安全向上、新型コロナウイルスの蔓延における生活困窮者の救済・支援、デジタル化の波についていけない消費者を誰一人として取り残さないといった方針が立てられ、時代の変化に対応する自治体になろうと努力がなされています。

これらの4つの視点は、その頭文字のP：政治的要因、E：経済的要因、S：社会的・文化的要因、T：技術的・環境的要因を取って、PEST分析と呼ばれるもので、本書で取り上げるサブスクやシェアリング・サービスを利用する消費者の価値観や消費に大きく影響する要因で整理できます。

このような4つの大きな環境変化（PEST）の影響を受け、企業のマーケティングのあり方も大きく変わってきています。社会的要因でも触れましたが、我が国は、2008年から人口減少傾向に転じ、高齢化が進む少子高齢化の時代に突入しています。人口が少なくなれば当然のことながら国全体の消費量が少なくなりますので、「より多くの消費者に、より多くのモノを買ってもらう」というビジネスのあり方は通用しなくなります。つまり、新製品を次々と展開し、多くの消費者の需要を刺激することで買い替えを促すような従来型のマーケティングのあり方に限界がきているのです。[17] むしろ、**1人の消費者と向き合い、その消費者の人生の中でより多くの接点を持ち、より付加価値のあるモノやサービス（あるいはそれを通じた経験）を何度も消費して**

17　髙橋広行（2018）『消費者視点の小売イノベーション：オムニチャネル時代の食品スーパー』有斐閣、Tzuo & Weisert（2018）前掲書。

もらうことで、その消費者から得られる利益を最大化するライフタイムバリューを高めることが求められている時代です。そのためには、モノやサービスの提供を通じた「コト」（経験や体験）の質を高めていくことで、消費者からの共感を獲得し続け、寄り添った存在になることが企業に求められます。このコトを中心としたマーケティングとは、モノ「を」楽しむのではなく、モノ「で」消費者に楽しんでもらう（あるいは役立つ）仕組みづくりのことです[18]。つまり、企業に問われているのは、消費者の生活の中で自社のモノやサービスを通じて楽しんでもらえる（役立つ）存在になれるのかという「存在意義」（存在価値）なのです。

3　顧客視点からの「持たない消費」のメリット

ここまでを整理します。消費者を取り巻く大きな環境変化によって、マーケティングのあり方も、1人の消費者とより多くの接点を持ち続けるアプローチに変わってきています。より多くの接点を持つためには、モノやサービスを通じて消費者の価値観に合うような体験を提供し続ける存在になる必要があります。サブスクやシェアリング・サービスが浸透しつつあるということは、これらのサービスがその素質を多く持っていると考えられます（図表1－2参照）。

では、本当にサブスクやシェアリング・サービスが今よりさらに浸透する時代が来るのでしょ

18　東利一（2019）『顧客価値を創造するコト・マーケティング：ビジョンで紡ぐ共創経営』中央経済社。

うか。図表1－3は、消費者のサブスクに対する意識調査の結果です。サブスクがモノを所有するよりも安い金額で、効果（結果）が変わらないのであれば、日本人の7割以上がサブスクを前向きに検討しようと思うと回答しています。この結果からみても、サブスクの利用に対してポジティブな意見が多く、**消費者に提供する価値や受け入れられる方法さえ間違わなければ、浸透は進むといえる**でしょう。

では実際にどのような点で、サブスクやシェアリング・サービスが受容されているのでしょうか。これらのサービスに関するメリットやデメリットについて執筆メンバーで議論を進めました。

例えば、音楽や映画などのコンテンツ系のサブスクの場合、消費者側のメリットは、大きく5つほどあげられます。

①購入に関わる手間やコストが削減できる

②選択肢の幅が増加する

図表1-2　消費者行動や価値観に影響する４つの要因

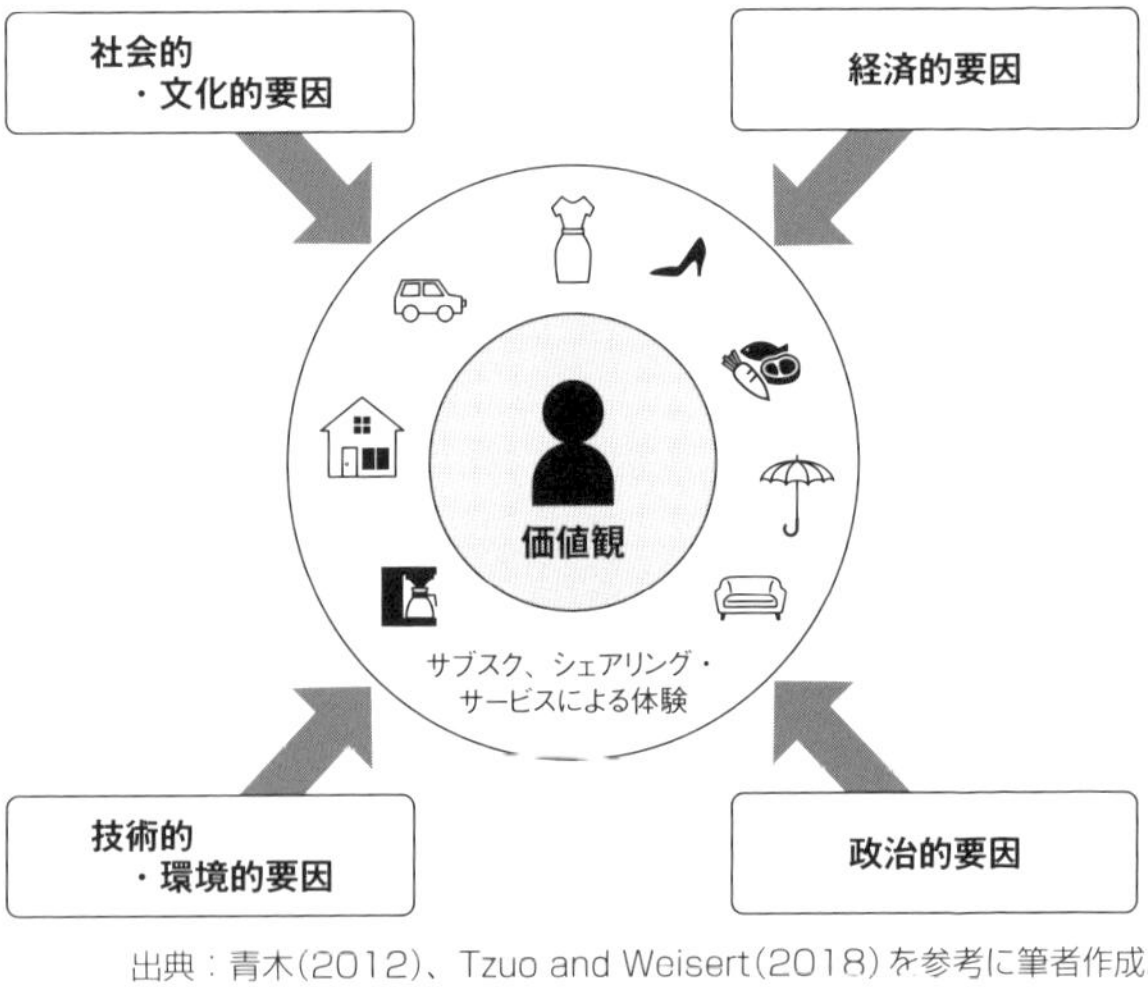

出典：青木(2012)、Tzuo and Weisert(2018)を参考に筆者作成。

③保管やメンテナンス、処分の手間やコストが削減できる
④利用や体験に集中できる
⑤この①から④が可能になることで、豊かな生活につながる

例えば、音楽のサブスクなどの場合、月額1000円程度で様々な音楽を聴くことができます（②のメリット）。CDを1枚購入した場合、当然他の音楽は聴けません。またサブスクなら、購入を失敗（後悔）するリスクもありません。わざわざ買いに行く手間も減るので（①のメリット）、購入することに比べて「聴く」ことのハードルが大きく下がります。聴ける音楽の数を考えれば、1曲あたりのコストも安いと感じられますし（①のメリット）、ボタンを1

図表1-3　世界の「サブスク」における実態調査

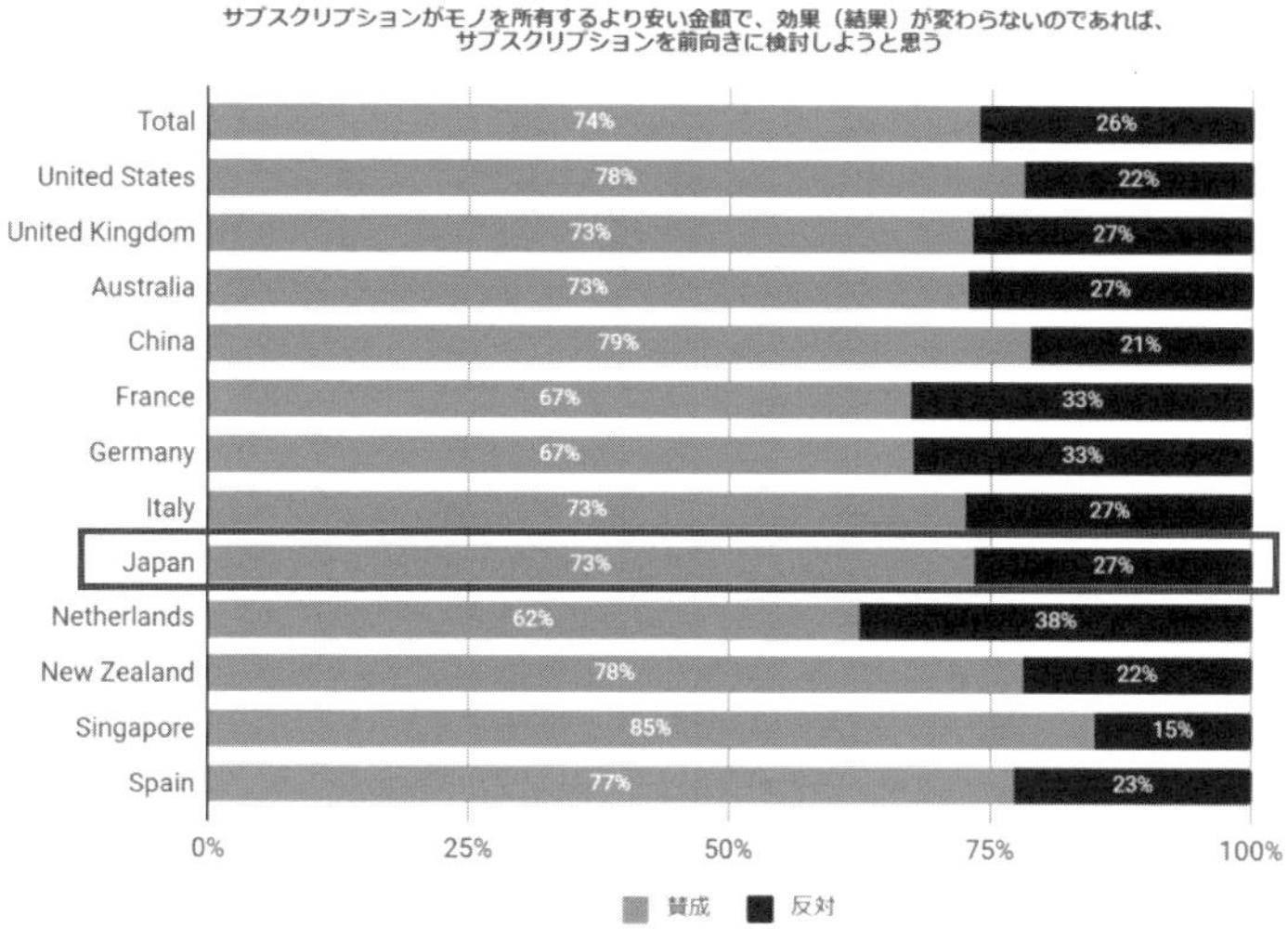

出典：ZUORAホームページ[19]より引用。

19　ZUORAホームページ「世界の『サブスクリプション』における実態調査：日本人の7割以上が『所有』より『利用』を選択」（http://info.zuora.com/PressRelease_20190509.html：2021年10月11日アクセス）

つ押すだけで聴くという行為や体験に集中できます（④のメリット）。また、CDを所有していても、そのすべてをずっと聴き続けるわけではありません。最初は何度も繰り返して聴いていても、次第に飽きてきたら、あまり聴かなくなることも多いでしょう。つまり、使わないにもかかわらず、1枚のCDを無駄に手元に保管しておくことになるのです。この1枚のCDを購入したことが、はじめは良くても聴かなくなればもはや自分の趣味にかけた予算（資源）の無駄遣いになっているといえるかもしれません。それなら、サブスクで色々な音楽を楽しめることの方が利点は大きいといえます（①②のメリット）。また、保管場所の確保も必要なく、不要になった際の処分の手間もかからないため、価格以外の様々な手間（コスト）も削減できます（③のメリット）。そして、他の人々とシェアして利用することで環境にも財布にも優しいのです。

さらに、自分にとっておすすめの曲を教えてくれることで、自分に合う曲が見つかり、気に入れば購入することも可能なため、音楽を通じた生活が豊かになります（⑤のメリット）。

これは音楽というコンテンツ系のサブスクの場合ですが、モノのサブスクやシェアリング・サービスでも似たようなメリットがありそうです。

今回の新型コロナウイルスの感染拡大により、生活や雇用への不安を感じている消費者も多く、ますます所有を控えるムードが浸透していくでしょう。特に、2000年以降に成人となったデジタルネイティブ（のミレニアル世代とZ世代）などの若い世代においては、スマートフォンやデジタルデバイスの普及、プラットフォームの進化などのデジタル化（デジタライゼーション）が後押しとなり、サブスクやシェアリング・サービスなどの、持たずにシェアする・借りるという選択肢が受け入れられつつあります。

4 消費者行動プロセスのサイクルが変わる

前節で紹介した、サブスクやシェアリング・サービスのメリットについて、消費者の行動プロセスから考えていきます。図表1－4は、消費者行動プロセスを簡単に示したもので、消費を、「知る→探す（情報探索）→買う→使う→捨てる（処分）」といったサイクルで示しています。

この「買う」という行動の代わりに、近年、増えつつあるのが「持たない消費」のスタイルとしてのサブスクとシェアリング・サービスです。また、買ったモノをメルカリなどのサイトを通じて他人に転売する、他人が出品したものを見つ

図表1-4　消費者行動プロセスにおける「持たない消費」の位置づけ

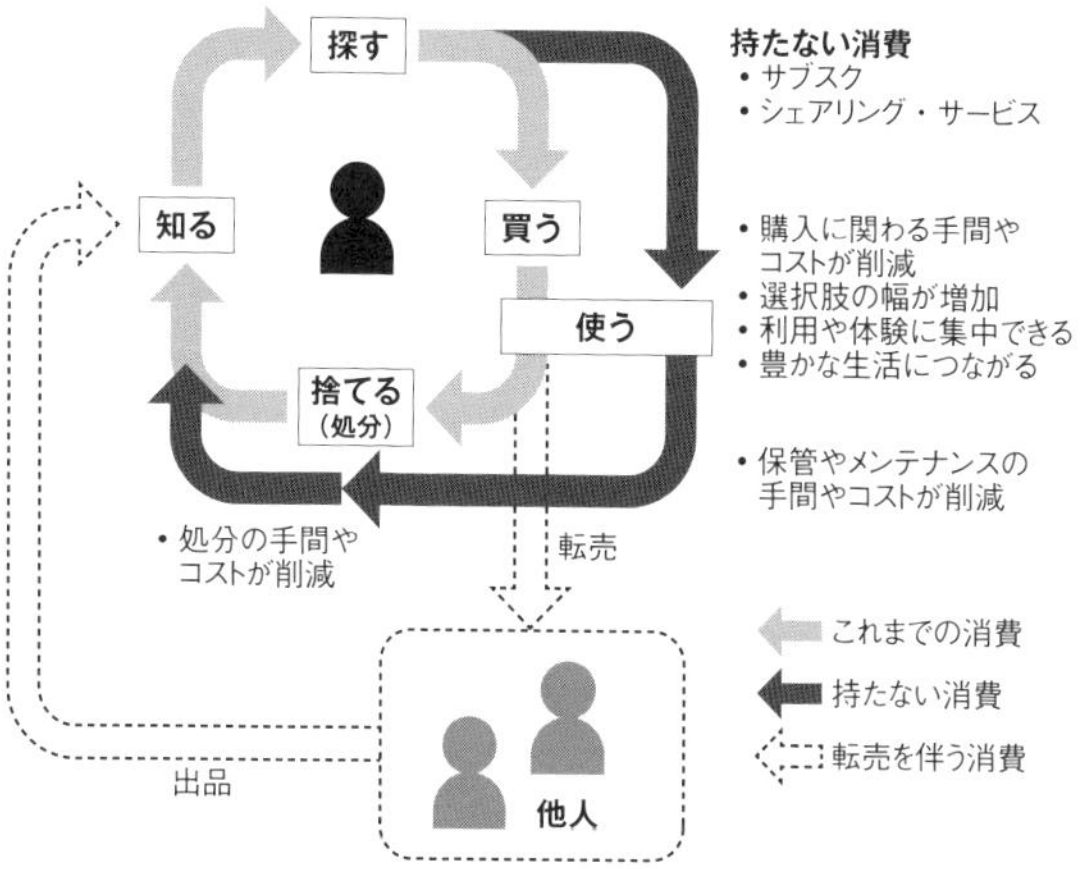

出典：筆者作成。

けて買うという消費のサイクルも近年、浸透しつつあります。

前節で、サブスクのいくつかのメリットについて触れましたが、**「持たない消費」のあり方は、従来のようにモノを買うのが当たり前だった（買う以外に選択肢があまりなかった）時代とは、消費者の検討時間の長さや買うことの重大さ（リスクの大きさ）において異なります。**これまでは、情報を集め、異なる商品の違いを比較検討し、しっかりと評価できることが最適な商品選択（買い物）につながると考えられてきました。そのため、商品に対する知識やカテゴリーに対する関心（関与）の高さが重要であり、マスメディアをはじめとする様々なメディアの情報や、店員の説明などが重視されてきました。近年においては、デジタル化の進展に伴って、インターネット上に溢れるほど多くの情報（他者のレビューやクチコミ、SNSでの投稿）をみることができるようになり、消費者が情報を入手して、それを解釈する力、すなわち「情報力」が強化されてきました。それでも、モノを購入することは消費者にとって大きな決断なのです。

「持たない消費」としてのサブスクやシェアリング・サービスは、買うための努力や選択するという勇気を求められることなしに、利用しやすい金額で気軽にモノを体験できるというメリットがあります。これらのサービスを提供する企業側にとっては、消費者に「試してみよう！」というトライアルを促す施策として非常に有益です。さらに、所有権は移転しないので、メンテナンスやアップデート、処分などの手間のかかる作業は企業側が行ってくれます。企業としては消費者に長く利用してもらうことで利益の回収につながりますので、関係性の構築のために、利用者のニーズに沿ったサービスやカスタマイズを行ってくれる場合もあります。このように、購入を前提としないサービスは、消費者にとっても、優しい価格設定がなされていることも多く、「消費者に寄り添うプライシング」（価格設定）といわれています。[20]

次に、転売についてみていきます。メルカリやヤフーオークションに代表されるように、一旦、所有した商品（モノ）を、他の消費者に転売する市場が急速に拡大しつつあります。例えば、メルカリの利用者の半数は「新品購入前にフリマアプリで値段を調べる」などのように転売することを前提に購入したり、[21]転売の際に売れやすい色やデザインを選んだりする傾向にあります。[22]これまでは廃棄するかリサイクルに出すしか処理の仕方がなかったモノが、他者にとって価値のある市場に向けて再び展開していくことが可能になったのです。このように、**従来の消費のサイクルに新しいサイクルが加わり、それが他者の消費にも影響していく時代になりつつあります。**

ここまで示してきたように、これらの新しい消費のあり方の1つに「持たない消費」としてのサブスクやシェアリング・サービスがあり、本書はこの消費に注目します。近年、マーケティングの研究分野においても、モノを所有せずに、サブスクやシェアリング・サービスを利用するといった新しい消費の仕方として「リキッド消費」や「アクセスベース消費」などが注目されています。これらの消費について、詳しくは第5章で紹介します。

20　上田隆穂（2021）『利益を最大化する価格決定戦略』朝日香出版社。
21　朝日新聞「（波聞風問）フリマアプリ：買い物は「所有」から「共有」へ」多賀谷克彦、2018年4月17日朝刊7頁。
22　博報堂生活総合研究所、サマーセミナー2019「消費対流：『決めない』という新・合理」講演資料を参照（https://www.hakuhodo.co.jp/magazine/65541/：2021年10月24日アクセス）。

なお、企業側がプラットフォームを通じて、顧客と長期的な関係性を構築し、利用し続けてもらうためには、サブスクもシェアリング・サービスも、利用者の購買履歴に基づき、利用者の好みに合うような品揃えの充実や、利用し続ける仕掛けなどが重要となります。

つまり、今までのように、モノを単に売り切って、そこから収益を得て終わりなのではなく、顧客（利用者）がサービスを通じて「つながり続けたい」と思ってもらえる価値を提供し続けるビジネスへと転換する必要があります。[23] このつながりをうまく設計できていない場合、多くのサブスクは失敗します。そのため、なぜ・何のためにサービスを利用しているのか、そのサービスを利用することでどのように生活がより豊かになるのか、といった解決策やニーズに対応するような価値を提供し続ける必要があります。**利用者に自発的に喜んで使い続けてもらうために、顧客ファースト（顧客志向）で顧客に寄り添う姿勢が重要になる**ということです。[24] ひとくちにニーズといっても、利用者本人がまだ自覚していないニーズ（潜在ニーズ）や、片付けるべき用事や抱えている課題（ジョブ）[25]もあり、それらを解決していくことが大切になるのです。そのため本書は、この「持たない消費」の仕方や従来の消費との違いの背景にある消費者の価値観や利用しているときの気持ちに焦点を当て、消費者から求められている価値について明らかにしていきます。

次の第2章では、本書で示す「持たない消費」の市場規模と定義について詳しく紹介し

23　Tzuo & Weisert（2018）前掲書、川上（2019）前掲書。
24　川上（2019）前掲書。
25　Christensen, C.M., K. Dillon, T. Hall & D.S. Duncan（2016）*Competing Against Luck. The Story of Innovation and Customer Choice*, Harper Business.（クレイトン・M・クリステンセン、タディ・ホール、カレン・ディロン、デイビッド・S・ダンカン、依田光江訳（2017）『ジョブ理論：イノベーションを予測可能にする消費のメカニズム』ハーパーコリンズ・ジャパン）。
　廣田章光・布施匡章編著・井登友一・瀬良兼司・仙波真二・宗平順己・山縣正幸著（2021）『DX時代のサービスデザイン』丸善出版、川上（2019）前掲書。

ていきます。

第1章のポイント

- サブスクやシェアリング・サービスの浸透は、「持たない消費」という新しい時代の消費スタイルになってきたというきざし。この消費の背景には、消費を取り巻く様々な環境(P：政治的要因、E：経済的要因、S：社会的・文化的要因、T：技術的・環境的要因)が関係している。
- 従来の定額販売と(本書で取り上げる)サブスクが異なる点は、オンライン上のプラットフォームの存在であり、必要なときにすぐにアクセスできる消費への対応の仕方にある。
- サブスクやシェアリング・サービスは、顧客ファースト(顧客志向)で利用者の課題を解決する価値を提供し続けなければ成功しない。

第2章

「持たない消費」の市場規模と定義

1　モノの豊かさよりも「こころの豊かさ」

第2章では「持たない消費」であるサブスクやシェアリング・サービスに関わる市場規模や所有に関する意識について、公開されているデータや先行研究から概観していきます。その後、本書で取り上げる「持たない消費」を定義し、第3章以降に展開していきます。

まずはサブスク、シェアリング・サービスの前提となる所有やモノに対する日本人の意識をみていきます。図表2－1は内閣府による世論調査における「これからは心の豊かさ」か、「まだ物の豊かさ」か、どちらに重きを置きたいかの質問に対する回答結果です。少し設問文が恣意的ですが長期時系列で聴取しており、全体的な傾向は把握できると思います。回答率をみていくと令和元年時点で「物の豊かさ」は29・6％、「心の豊かさ」は62・0％となっており、倍以上の差をつけて「物の豊かさより心の豊かさ」であることがわかります。また時系列でみても「物の豊かさ」を重視する意識は減退していることがわかります。「モノ消費からコト消費へ」といわれるようになって久しいですが、長期的な意識変化の面からみても、その傾向はあるといえます。

また、「平成28年度消費生活に関する意識調査結果報告書」では、時系列ではないですが「できるだけモノを持たない生活に憧れる」という考えについて、質問票調査を実施しています。図

図表2-1　心の豊かさと物の豊かさ

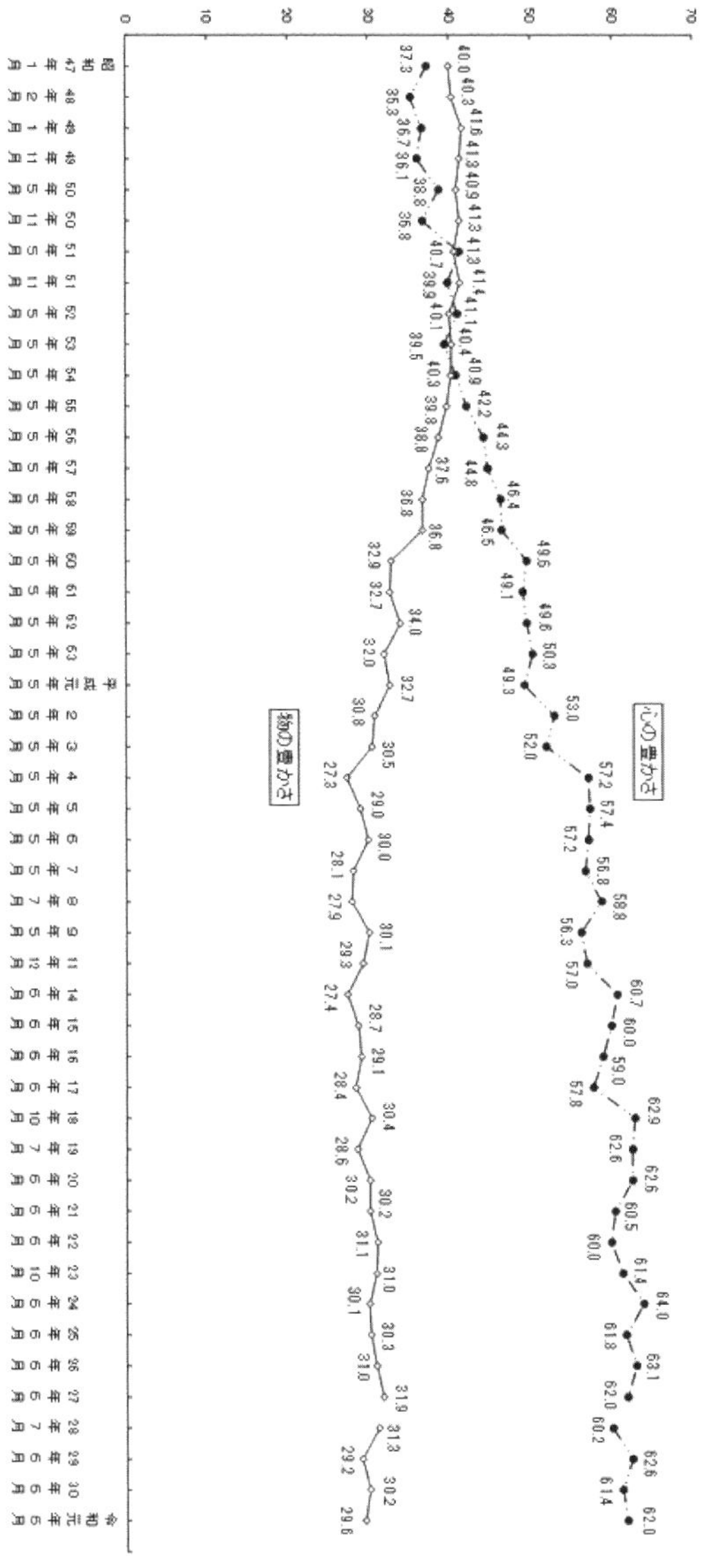

（注1）心の豊かさ→「物質的にある程度豊かになったので、これからは心の豊かさやゆとりのある生活をすることに重きをおきたい」
物の豊かさ→「まだまだ物質的な面で生活を豊かにすることに重きをおきたい」
（注2）平成27年6月調査までは、20歳以上の者を対象として実施。平成28年7月調査から18歳以上の者を対象として実施。

出典：内閣府サイト[1]より引用。

1　内閣府が行った「国民生活に関する世論調査（令和元年６月調査）」を参照（https://survey.gov-online.go.jp/r01/r01-life/zh/z21-2.html：2021年11月４日アクセス）。調査は、令和元年６月13日から６月30日にかけて中央調査社が実施したもので、全国の18歳以上の男女を対象に行い、有効回答数は5,492人となっています。

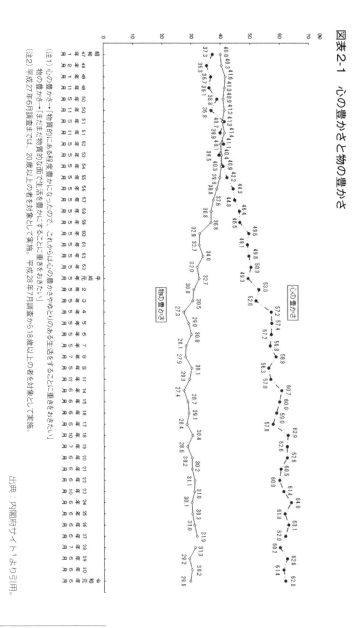

表2－2の結果をみると51・9％の人が当てはまる（かなり当てはまる＋ある程度当てはまる）と回答しており、モノを所有しない生活への憧れを抱いている人が過半数に上ることがわかります。実践しているかどうかは別として、モノをできるだけ所有しない最小限の（ミニマルな）生活への憧れは強いようです。

ここまで、日本人の豊かさや所有に対する意識について確認してきました。モノによる豊かさを志向する価値観は一定程度残っているものの、長期的には、モノの豊かさよりも心の豊かさを求めるようになりつつあるようです。また、2015年には「ユーキャン新語・流行語大賞」に「ミニマリスト」という言葉がノミネートされるなど、モノをできるだけ所有しない生活が注目されつつあります。[3] 特に近年のコロナ禍で、自身の生活を見直そうとする状況にあり、必要なものだけに持ち物を絞っていく「断捨離」にも注目が集まっています。生活者インタビュー[4]を実施した際にも、「コロナで洋服などを処分して、なるべくモノを持たないようになった」（10代男性）といった声が

図表2-2　できるだけモノを持たない生活に憧れる

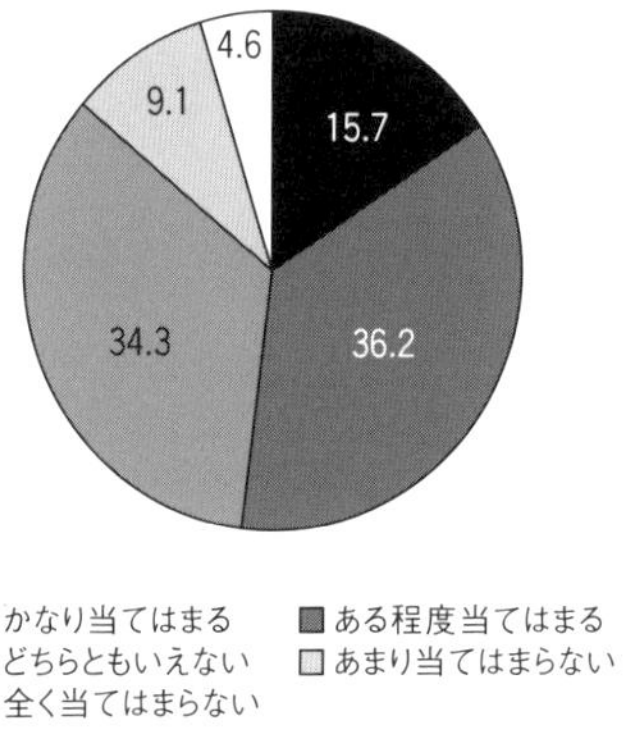

出典：消費者庁サイト[2]より引用。

2　消費者庁が行った「平成28年度 消費生活に関する意識調査 結果報告書：SNSの利用、暮らしの豊かさ、シェアリングエコノミー等に関する調査（2017年7月）」を参照（https://www.caa.go.jp/policies/policy/consumer_research/research_report/survey_001/pdf/information_isikicyousa_170726_0001.pdf：2021年10月29日アクセス）。対象者は、全国の満15歳以上の男女3,000人であり、国勢調査（2015年）における性別、年齢・地域の比率をもとに、調査実施機関（株式会社ネオマーケティング）に登録されているモニターから抽出され、調査は2017年3月に実施されました。

聞かれました。このような「持たない」意識の強まりは、サブスクやシェアリング・サービスの今後の市場にも大きく影響を及ぼすことが予想されます。

2 「持たない消費」の市場規模

次にサブスク、シェアリング・サービスの市場規模についてみていきましょう。国内のサブスクの市場規模について、株式会社ICT総研が算出しています（図表2－3）。この資料では、2019年時点でのサブスクの市場規模を約1兆1400億円と推計しています。2020年度は10％程度の成長を予測しており、規模が拡大していく市場であると判断できるでしょう。ただし、ICT総研のサブスクは、「一定期間に複数回以上サービスが利用できるもの」という定義だけのため、プラットフォームの有無で分けられていなかったり、従来型の定額サービスも含まれていたりするなど、本書の定義より

図表2-3　サブスクの市場規模推移

※サブスクリプションサービスの定義：月間・年間の定額料金で複数回以上の利用ができるサービス。
※サービス・健康・教育：スポーツジム、ファッション、美容、飲食店、教育、ソフトウェア、その他のサービス。
※物品購入・レンタル：各種物品や飲食物の定期購入、カーシェア、自動車等の定額利用。
※デジタルコンテンツ：音楽配信、動画配信、電子書籍、デジタルニュース等。

出典：ICT総研のサイト[5]より引用。

3　ユーキャン「新語・流行語大賞」より引用（https://www.jiyu.co.jp/singo/index.php?eid=00032：2021年10月29日アクセス）。
4　CCCマーケティング総合研究所が定期的に実施しているインタビュー調査（2021年１月実施）より引用。
5　ICT総研「2020年 サブスクリプションサービスの市場動向調査（2020年２月４日）」（https://ictr.co.jp/report/20200204.html/）。

も「広いサービス」が含まれているため、参考程度にご覧ください。

続いて、シェアリング・サービスの市場規模についてです。第1章でも少し触れたように一般社団法人シェアリングエコノミー協会によると、シェアリング・サービスは、図表2－4で示すように5つの領域で整理することができます。

・民泊や駐車場をシェアする、スペースシェア
・車や自転車など移動手段をシェアする、モビリティシェア
・本や服など一般消費財をシェアする、グッズシェア
・自身の知識やノウハウをシェアする、スキルシェア

図表2-4　シェアリング・サービスの分類

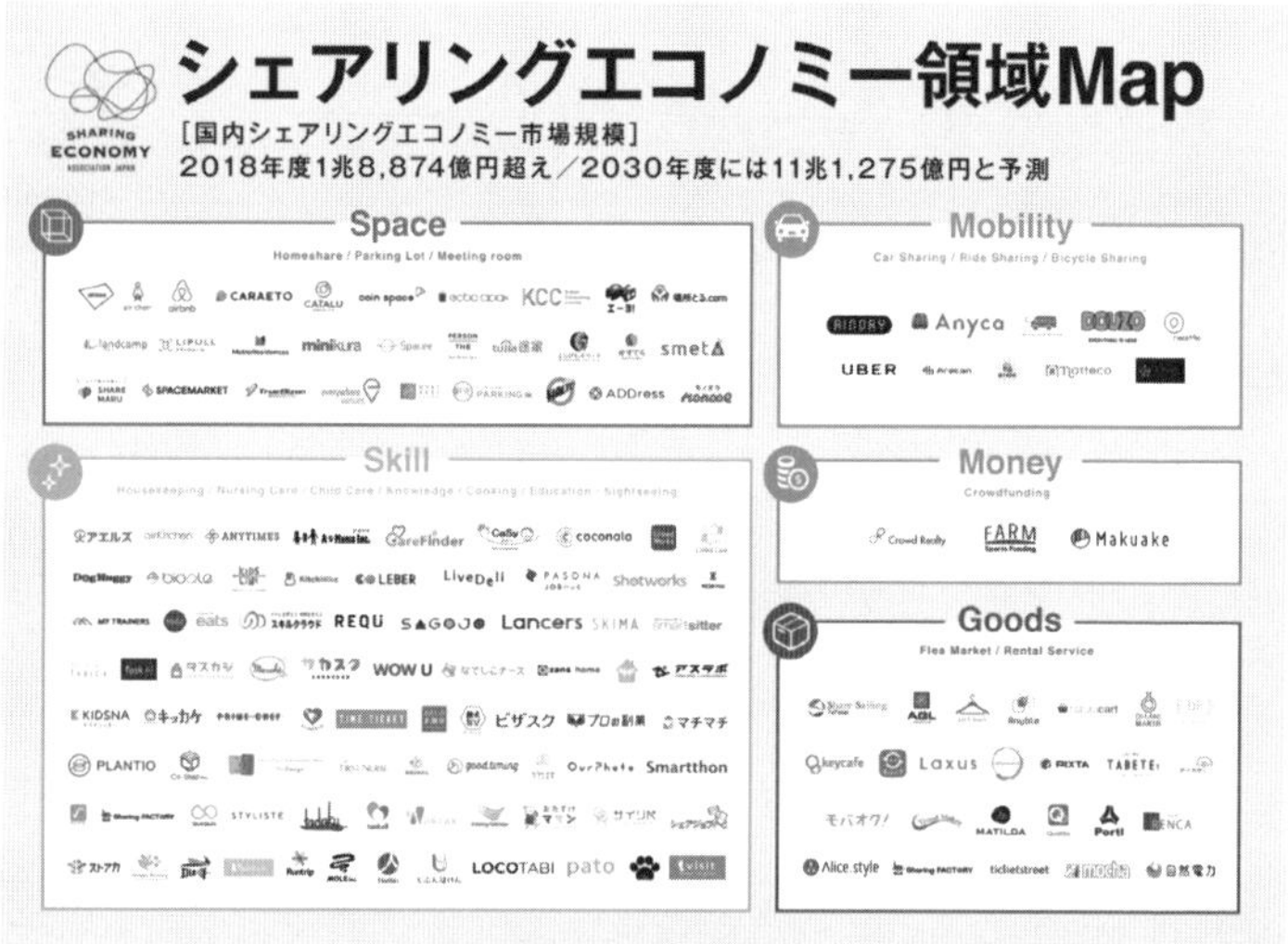

出典：一般社団法人シェアリングエコノミー協会より引用[6]。

6　シェアリング・エコノミー領域マップとして示されている図（https://sharing-economy.jp/ja/news/map202003/：2022年2月2日アクセス）を引用。

7　なお、この調査ではシェアリング・エコノミーを「インターネット上で資産やスキルの提供者と利用者を結びつけるもの、利用したいときにすぐ取引が成立するものとし、市場規模は資産・サービス提供者と利用者の間の取引金額（プラットフォーマーの売上ではない）」と定義しています。

・クラウドファンディングなどお金をシェアする、マネーシェア

シェアリングエコノミー協会と株式会社情報通信総合研究所が共同で調査した結果によると、2020年度の日本におけるシェアリング・エコノミーの市場規模は、2兆1004億円と推計し[7]、シェアリングエコノミー協会が取り上げる5つの領域（スペース、モノ、移動、スキル、お金）を対象として算出しています。ここに含まれるサービスは、プラットフォームを保有しない企業も含まれていますので、本書の定義よりやや広い市場規模となりますが、シェアリング・エコノミー全体の傾向として捉えてください。上記の試算によると2030年度には14兆1526億円（2020年度比：約6・7倍）に拡大すると予想されており[8]、ビジネスとしても無視できない市場となっていくでしょう。

3 「持たない消費」の定義について

第1章で少し紹介したように、本書の研究対象は「持たない消費」とし、サブスクとシェアリング・サービスを主に取り上げます。ここではより詳細にその定義をしておきたいと思います。

サブスクは利用者と事業者間が一定期間において契約関係にあり、その間に利用する料金の支払

8　シェアリングエコノミー協会によるリリース記事（https://sharing-economy.jp/ja/20201210：2021年10月26日アクセス）を引用。

いがある状態を指します。シェアリング・サービスは、オンライン・プラットフォームを通じて他人と共有するサービスです。

消費者庁でも類似の説明がなされています[9]。それぞれの説明をみていきます。

●サブスク：月額料金等の定額を支払うことにより、契約期間中、商品やサービスの利用が可能となるものをいう。契約も含めた主なやりとりは、オンライン・プラットフォーム上で行われる。

●シェアリング・サービス：モノやサービスを個人間等で共有したり融通し合ったりする仕組み。取引はインターネット上のプラットフォームを介して行われる。提供者／利用者はそれぞれプラットフォーム上、もしくはソーシャルメディア上の信用をもとにして取引を行う。

上記をふまえると、「持たない消費」の定義には、以下の点が分類上必要であると考えます。

- **取引によって「所有権」が移転するかどうか**
- **企業の資産を消費者が利用するか（B to C）、消費者の資産を消費者が利用するか（C to C）**
- **都度取引か、継続的な取引か**

9　消費者庁では、「インターネット消費者トラブルに関する調査研究」として様々な新興ビジネスの調査研究を行っています。その中から、サブスクについては、三菱UFJリサーチ＆コンサルティングに委託して実施した「サブスクリプション・サービスの動向整理」、シェアリング・サービスについては、三菱総合研究所に委託して実施した「シェアリングサービスの動向整理」の調査レポートより引用。

そこで本書では、BtoC、CtoCを含めた対消費者市場でのモノの取引について図表2‐5のように整理し、研究対象を設定しています。取引にあたって、所有権の移転の有無と、取引主体（BtoCかBtoBか）、取引の種類（都度か継続的か）によって6つに分類しました。

①**通常の売買**：コンビニでアイスを買う、ネット通販で本を買うといった企業との都度取引

これは事業者から購入者に所有権が移り、自身で消費するスタイルです。

②**定期契約**：新聞の購読といったBtoCでの定期的な取引

事業者から購入者に所有権が移る点は①と同様ですが、その取引が継続的に行われる消費スタイルです。すでに市場で提供されている食品や飲料など消耗品のサブスク（定期配達など）は所有権が消費者に移るため、ここに含まれます。

図表2-5　「持たない消費」の定義

	所有権の移転 あり		所有権の移転 なし
BtoCの都度取引 （企業の資産を消費者が利用）	**①通常の売買** -コンビニでアイスを買う -ネット通販で本を買う		**④レンタル・リース** -レンタル店でCDを借りる -PCをリースで借りる
BtoCの継続取引	**②定期契約** -新聞の定期購読	消耗品は一部ここもサブスクと呼ばれている -食品、飲料 -日用品	**⑤サブスクリプション契約** -定額見放題で映画を見る -定額試し放題で衣服を着る
CtoCの取引 （消費者の資産を消費者が利用）	**③個人間売買** -フリマアプリで服を売る、買う -オークションサイトでおもちゃを買う		**⑥シェアリング・サービス** -民泊を利用する -個人所有の車をアプリ経由で借りる

（⑤⑥）→ **『持たない消費』主な研究対象**

出典：筆者作成。

③**個人間売買**：フリマアプリで商品を購入するなど、個人間での都度取引
こちらもフリーマーケットなどの手段で他の消費者の資産を購入する消費スタイルで、購入者に所有権が移ります。

④**レンタル・リース**：レンタルショップでCDを借りる、といった企業との貸借取引
企業が保有する資産を消費者が借りて利用する消費スタイルです。この際、所有権は企業のままで消費者には移転しないことが特徴となります。

⑤**サブスクリプション契約**：音楽ストリーミングなど、一定期間定額で商品やサービスを利用できる取引
④と同じく、商品やサービスの所有権は企業のままですが、一定期間継続的に利用ができる消費スタイルです。消費者が必要なときに、必要なだけ、好きなものを利用することができる取引です。この特徴はアクセスベース消費とも表現されます（詳しくは第5章を参照）

⑥**シェアリング・サービス**：自宅を民泊として貸すなど、個人間で所有権が移転しない貸借取引

主に企業が提供するプラットフォーム上で、消費者個人が保有している資産を別の消費者が利用する消費スタイルです。③との違いは所有権が提供側の消費者のままであるという点です。

本書の主な研究対象は⑤サブスクリプション契約と⑥シェアリング・サービスの消費スタイルとし、これらを「持たない消費」と定義します。「所有権の移転を伴わず、（オンライン）プラットフォームを通じて、継続的な契約関係を通じた利用」という消費のあり方として、本書ではサブスクとシェアリング・サービスを調べていきます。ただし、実際に「サブスク」として提供されている既存サービスの中には、②に分類されるものも少なからずあります。例えば食品や日用品などの消耗品が定期的に届けられる、といったサービスがあげられます。本書の焦点ではありませんが、実際に市場で存在感を発揮しているサービスもあるので、上記のような消耗品の継続取引も第3章以降の調査対象に含めつつ、主には⑤と⑥の「持たない消費」について考えていきます。

なお、シェアリング・サービスに関しても、「持たない消費」という点を考慮し、モノに関わるシェア以外のスキルシェアとマネーシェアについては除外します。そのため、本書の定義は前節で紹介してきた市場規模で言及されているサブスク、シェアリング・サービスの一般的な定義よりもやや狭い設定であることに、ご注意ください。

続いて消費者の観点からサブスク、シェアリング・サービスの規模感をみていきます。今回、同志社大学とＣＣＣマーケティング総研は、Ｔ会員向けに約３０００サンプル規模でサブスク、シェアリング・サービスの利用実態に関する質問票調査を共同で実施しました（詳細な調査設計は、資料①を参照）。ここでは２０２１年３月時点での日本人の所有に関する意識を中心にみていきます。なお今回の調査では、日本全国に約７０００万人いるＴ会員のうち、16歳から69歳までを対象にしています。また調査上、大きくは①一般層（性別年代別の人口構成比で割付）、②サブスク利用者層、③シェアリング・サービス利用者層の３つのセグメントで割付を行いました。本文中に掲載する図表には、それぞれどのような集計ベースで集計されたものか記載していますので参考にしてください。

まずはサブスクの利用率をみていきます。今回の調査ではサブスクを「企業が提供する、定額制で一定の期間内利用し放題のサービス〈動画配信、音楽配信、洋服借り放題など〉」と定義して、サブスク利用経験を聴取しています。日本の人口構成比で割付した一般層２５６７サンプルでサブスク利用率をみたのが、図表２－６です。33・０％の人々がサブスクの利用経験があるという回答が得られました。日本人の約３割が利用しており、サービスとしてかなり普及しているといえます。

図表2-6　サブスク利用率

（一般層2,567s）（%）

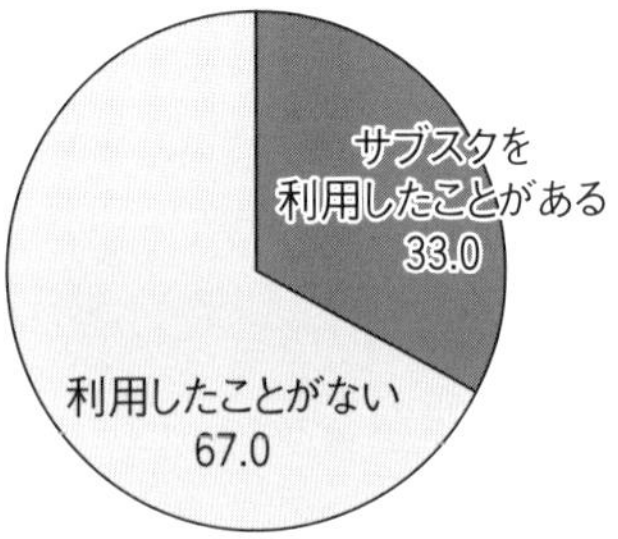

利用者の特徴などの詳細は第3章で詳しくみていきます。

続いて、シェアリング・サービスについてもみていきます。今回の調査でシェアリング・サービスは「個人の利用していないものを、他人に貸し出すサービス〈エアビーアンドビー、エニカなど〉」としており、例えばメルカリのような個人間の売買については対象とはしていません。その上でシェアリング・サービスの利用率をみてみましょう。サブスクと同じく一般層ベースでみると、シェアリング・サービスの利用率は3・0%となっています（図表2－7）。サブスクの利用率と比べると、純粋なシェアリング・サービスはかなり規模が小さいものの、若年層を中心に利用が広がりつつあります。そのため、若い層においては有望な市場であるといえるでしょう。利用者の特徴などの詳細は第4章で詳しくみていきます。

最後に、本書の対象ではないですが、参考までに個人間売買サービスの利用率もみておきます。図表2－8をみると一般層の38・4%が利用しているという結果でした。サブスク利用率よりも高い結果となっています。メルカリに代表されるようなCtoC（消費者間）

図表2-7　シェアリング・サービス利用率

（一般層2,567s）（%）

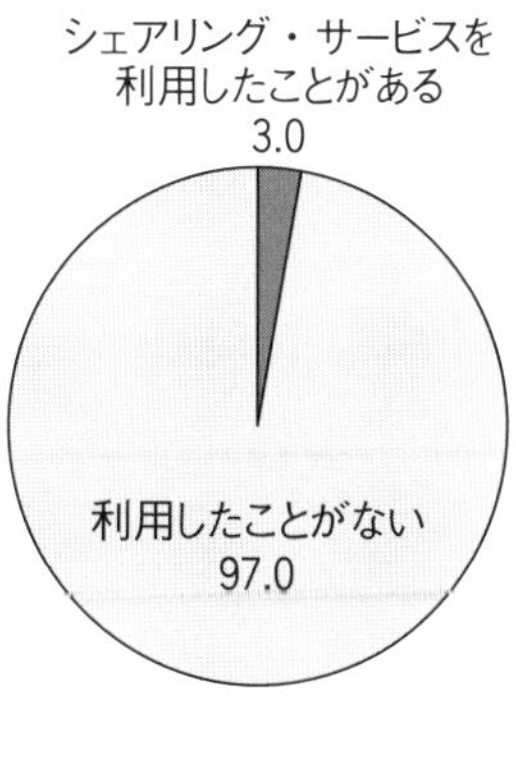

図表2-8　オンライン個人間売買サービスの利用率

（一般層2,567s）（%）

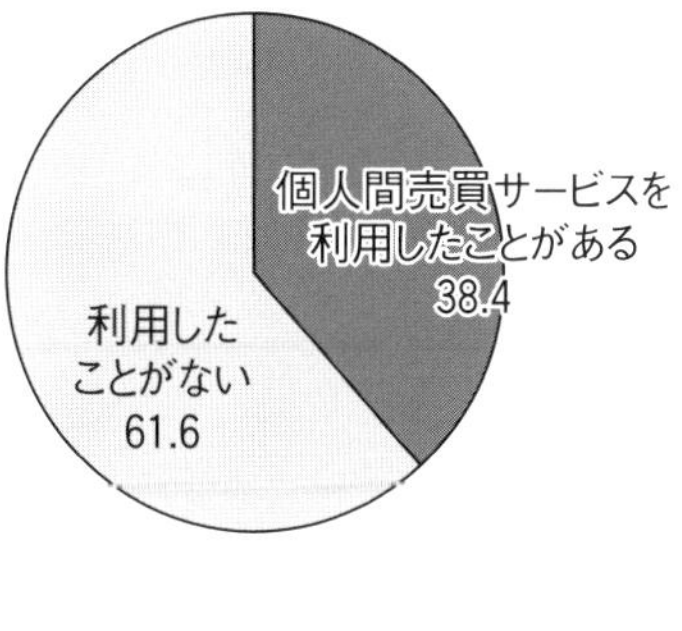

での売買プラットフォームはサブスクと同規模程度の利用者がおり、サービスとしてかなり普及していることがわかります。

次の第3章からは、ニーズとしても市場としても広がりつつあるサブスク利用者の特徴について詳しくみていきます。

第2章のポイント

- サブスクやシェアリング・サービスの市場規模は年々、拡大している。
- 本書の「持たない消費」とは、所有権移転の有無と、継続取引の有無、消費者間での共有の有無という観点で整理し、「所有権の移転を伴わず、（オンライン）プラットフォームを通じて、継続的な契約関係を通じた利用」と定義している。
- サブスクの利用率は33％、シェアリング・サービスは3％となっている。

第2章コラム　サブスクの分類と特徴

このコラムでは、サブスクの分類について、もう少し詳しく説明していきます。サブスクの分類については、図表2－9のように、遊び放題や使い放題で利用できる商品サービスの選択肢の幅と、消費者がより多くの商品サービスを受容する際の企業側の追加コストの大きさによって分類されています。[10] 縦軸の選択肢の幅には、「選び放題&使い放題」「限定選び放題&使い放題」「使い放題」の3つを設定しています。横軸の追加コストについては高、中、低で分類しています。この分類は提供する財・サービスの利用形態と価格に注目した分類となっています。

この図表2－9を参考にしつつ、本書で定義した「持たない消費」の視点でサブスクを考える際に有効な分類について検討しました。ここでは図表2－10のとおりサブスクを3分類して

図表2-9　サブスクの分類と具体例

	高追加コスト	中追加コスト	低追加コスト
選び放題&使い（消費）放題	ストライプインターナショナル「メチャカリ」	エアークローゼット Laxus（高額バッグ）	スポティファイ ネットフリックス
限定選び放題&使い（消費あるいは来店）放題	パナソニック「安心バリュープラン」 トヨタ自動車「KINTO」	美容室「メゾン」	ソニーの「PSプラス」
使い（消費あるいは来店）放題	Favyの290Nコーヒーマフィア 高級フレンチ「Provision」	カラオケ「カラ鉄ホーダイ」	マイクロソフトのOffice365 交通等の定期券

出典：上田（2021）より引用。

10　上田（2021）前掲書。

います。

1つ目は「提供者限定型サブスク」です。メーカーや小売店、外食などが、自社商品、サービスに限定し、定期・定額での利用し放題を提供するパターンです。例えばトヨタ自動車（トヨタ）が提供するサブスクサービスである「キント（KINTO）」では、トヨタの車の中から乗りたい車を選択して定額で利用することができます。他のメーカーの車は利用することができない一方で、トヨタの車であればヤリスなどの小型車から、アルファードのような大型のミニバン、さらには高級車のレクサスの各シリーズまで選ぶことができます。このようなサービスの場合、サブスクの選択肢としては当該企業の製品のみとなっており、選択できる製品やサービスの種類の豊富さは比較的狭いといえます（選択できる製品の幅）。その分、当該メーカーの品揃えはかなり豊富なので、当該メーカーが好きな人にとっては、より自分の好みに合った商品を選択することができます（選択できる製品の深さ）。

2つ目の分類は「プラットフォーム型サブスク」です。提供者限定

図表2-10　サブスクの分類と特徴

	具体例	選択できる製品やブランドの幅	選択できる製品やブランドの深さ
提供者限定型サブスクリプション	パナソニック「安心バリュープラン」 トヨタ自動車「KINTO」 カラ鉄「カラ鉄ホーダイ」	△	◎
プラットフォーム型サブスクリプション	Apple music Spotify オリックス「オリックスカーシェア」	◎	△
ハイブリッド型サブスクリプション	Netflix Hulu	○	◎

出典：筆者作成。

とは異なり、提供する企業の枠を超えて商品を選択できることが特徴です。例えば「スポティファイ（Spotify）」では、国内外の音楽レーベルの枠を超えて安室奈美恵の楽曲も、NiziUの楽曲も、レディー・ガガの楽曲も聴くことができます。オリックス自動車のカーシェアリング・サービス[11]では、特定の自動車メーカーによらず、目的に合った車を調達することができます。一方で特定のメーカーの車が全車種揃っているわけではないようです。したがって、選択することができる製品の深さは、やや浅いともいえます。

3つ目は、上記2つのパターンのいいとこ取りをした「ハイブリッド型サブスク」です。例えば、「ネットフリックス（Netflix）」では世の中のすべての映画を配信しているわけではないのですが、プラットフォーム型と同じように映画配給会社の枠を超えて様々な映像作品を視聴することができます。一方で、ネットフリックスで「2020年日本で最も話題になった作品TOP10[12]」で第1位となり大人気を博した韓国ドラマ「愛の不時着」は、Netflixが制作したオリジナルドラマです。このオリジナル作品を観たくて登録した人も多いことでしょう。加入すれば、コンテンツの豊富さだけでなく、提供者限定型同様の独自のサービスが用意されている点も魅力になると考えられます。

11　サービス名称に「シェアリング」と入っているので混乱を起こしかねないですが、「BtoCで、月額定額利用料を払って車を利用できる」サービスなので、本書においてはサブスクにあてはまります。
12　Netflix公式note（https://note.com/netflix/n/na2da9b5f2062：2022年2月2日アクセス）。

第3章

サブスクの利用実態

1 サブスクの利用実態―成長市場の牽引役―

先ほどの第2章で確認したように、所有意識の変化も相まって「持たない消費」が広がっています。第3章では、質問票調査の結果をもとに、サブスクの利用実態や利用時の意識をひもといていきます。

サブスク利用者と一般男女を比較した場合、デモグラフィック属性で特徴があった点は以下のとおりです[1]。

・年代・性別：20代男性
・職業：学生、会社員（内勤・専門職）
・居住地域：全国にまんべんなく在住（やや東京都在住が多い）

人口の3割を占めているだけあって、日本全国に利用者が存在しています。年齢層としては比較的若く、学生や会社員の人が多いようです。彼らが日常的に接触する情報媒体は、一般男女と比較すると、サービス提供企業のサイトやSNS、クチコミサイトとの接点が多く、インターネット上の公式情報や周囲からの情報を重視している様子がうかがえます。

1 以下の項目は、統計的な有意差が確認できています。

次に、現在利用しているサブスクをみていきます。図表3－1によると、サブスク利用者のうち半数以上にあたる55・9％が「音楽・映画」のサブスクを利用しています。次いで「雑誌、書籍」（17・5％）、「自動車」、「飲料、食料品」（3・7％）、以下3％以下という利用状況でした。現在主に利用しているサブスクは、音楽や雑誌などのコンテンツ系が大半を占めているということがわかります。一方でモノのサブスクは、まだあまり利用されていないことがわかります。

1人あたりのサブスク利用数（契約数）は、平均で2・3個、中央値は2個という結果でした。また月間の支払金額は平均で3328円[2]、中央値で1500円という結果でした。サブスク利用者は複数のサブスクを利用している実態があるようです。ちなみに筆者（大山）の場合、アマゾンの「キンドル」

図表3-1　現在利用しているサブスク

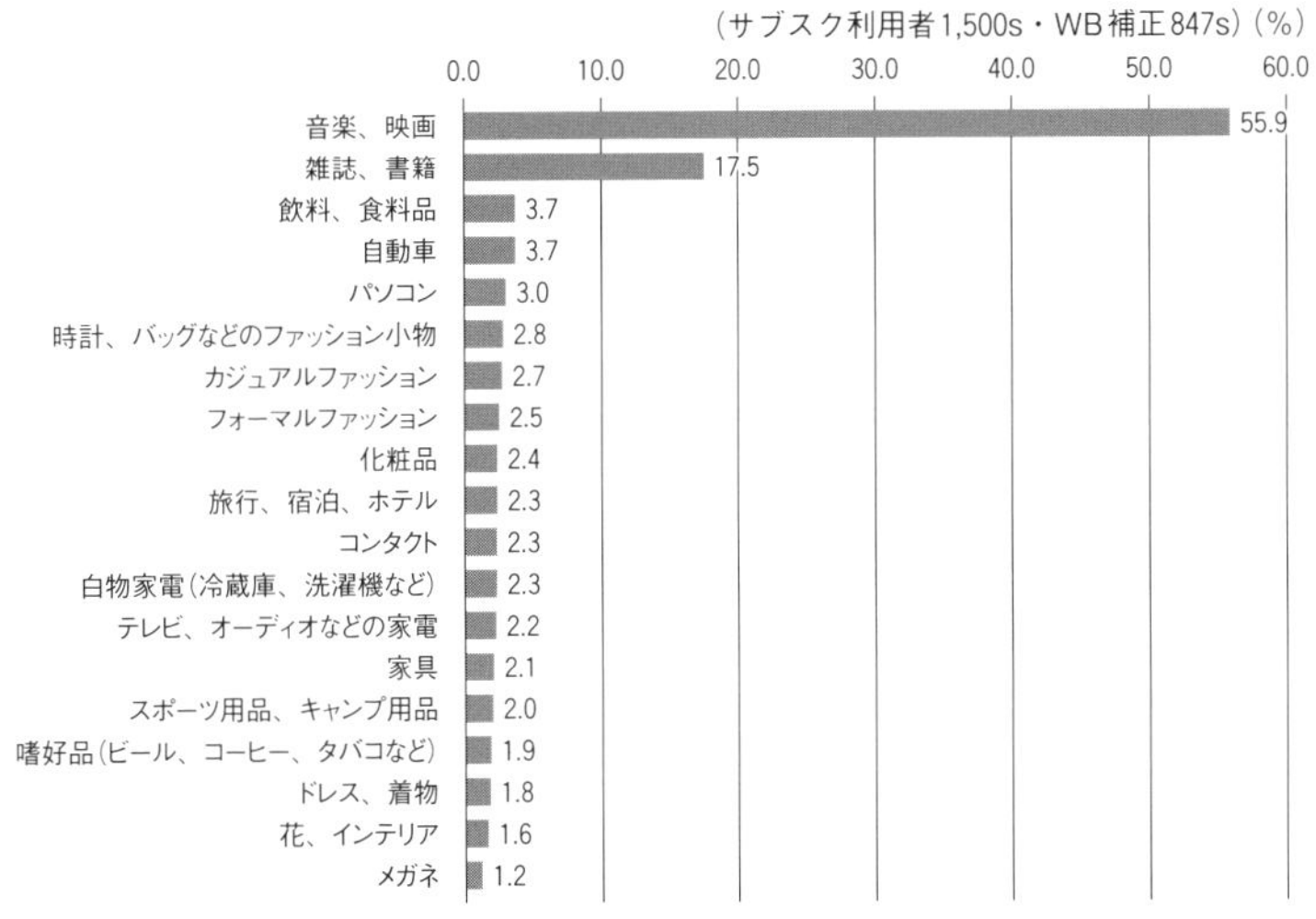

2　月々の支払金額については外れ値を除外するため、回答金額上位１％と下位１％を除外して計算しました。

（kindle）で電子書籍をダウンロードして放置（積ん読）し、「アップルミュージック」（apple music）で音楽を聴きながら休日を過ごしているので、平均的なサブスク利用者といえます。

調査対象である16歳から69歳までの人口とサブスク利用率、月間利用金額によって今回の定義でのサブスクの市場規模の概算が算出できますので、参考までにみておきます。

8473万7044人（16歳から69歳人口[3]）×33・0％（サブスク利用率）×3328円（月間利用金額）×12（1年間）≒約1・1兆円

以上から、消費者の支払金額ベースの市場規模は、年間で約1・1兆円規模と試算できました。

2 サブスク利用理由と利用時の気持ち―選択肢の多さと利便性―

サブスク利用者はどのような理由でサブスクを使っているのでしょうか。商材ごとにサブスクを利用した理由と、その満足度をみていきます。

図表3－2は、利用者の多かった「音楽、映画」「雑誌、書籍」「飲料、食料品」「自動車」の各サービスについて確認した利用理由の回答結果です。「音楽、映画」の利用理由としては、「色々なモノを好きなだけ利用できるから」（58・8％）、「金額を気にせず使いたいだけ使用できるから」

3　平成27年国勢調査人口等基本集計（総務省統計局）より。

（35・0％）、「必要なときだけ利用できるから」（33・0％）となっています。「雑誌、書籍」も回答率の違いはありますが、利用理由としては同じような項目が上位にきています。「飲料、食料品」で最も回答率が高いのは、「利用頻度が高いものだから」（21・8％）で、他の項目と比較して特徴的な項目は、「繰り返し購入する手間が省けるから」（18・0％）となっています。日用品については、日々購入しなければならない手間があるため、繰り返し購入する手間が削減されることが支持されているようです。「自動車」では、「必要なときだけ利用できるから」（46・5％）が最も高く、他にも特徴的なものとして「利用期間が短いモノだから」、「高額で買えないモノを使用できるから」、「メンテナンスをする手間が省けるから」などがあげられます。音楽や書籍などのコンテンツをサブスクする場合と、自動車というモノをサブスクする場合とでは、利用する理由も異なることがわかり

図表3-2　サブスク利用理由

（各サブスク利用者ベース）（％）

	音楽、映画	雑誌、書籍	飲料、食料品	自動車
色々なモノを好きなだけ使用できるから	58.8	49.6	13.5	16.2
購入前にお試しで利用できるから	15.9	13.9	7.2	10.3
必要なときだけ利用できるから	33.0	29.4	14.7	46.5
利用頻度が高いモノだから	32.7	19.8	21.8	10.3
所有することにこだわりがないモノだから	14.0	20.7	5.7	11.8
利用期間が短いモノ（一定期間にしか利用しないモノ）だから	7.5	10.5	4.5	21.3
高額で買えないモノを使用できるから	3.5	4.9	7.2	12.6
金額を気にせず使いたいだけ使用できるから	35.0	29.0	9.5	5.9
1回あたりの使用額がお得だから	19.6	23.7	19.2	15.5
普段、自分では選ばないものを利用できることが楽しみだから	15.0	16.6	8.2	5.0
自分に合ったモノがおすすめされるから	8.4	6.7	5.4	1.9
一般的なお店では買えないモノが手に入るから	3.7	3.2	8.5	2.3
繰り返し購入する手間が省けるから	7.1	9.7	18.0	3.0
メンテナンスをする手間が省けるから	2.7	4.7	3.7	14.0
無駄な消費をしたくない（環境に配慮したい）から	0.4	10.3	5.7	11.6
その他	3.3	0.0	1.3	3.4

ます。

このようにカテゴリーやジャンルによって利用する理由が異なるため、その傾向を確認するために、統計分析の手法（コレスポンデンス分析）を使って、各カテゴリーのサブスクの利用理由との関係をマッピングしてみました（図表3－3、シェアリング・サービスも次の第4章で解説しますので、同時に分析しています）。この知覚マップの布置で傾向を確認する際、サービスの名称と利用理由が近い項目が、対応していると解釈することができます。[4] X（ヨコ）軸の右側は「日常使い」、左側は「非日常使い」の傾向が、Y（タテ）軸の上側は「コンビニエンス」、下側が「パーソナライズ」の傾向がありそうです。

この傾向から、サブスクの利用理由は大きく5つのグループに分類されると判断しました。右上の第1象限は、「金額を気にせず使いたいだけ使用できるから」、「色々なモノを好きなだけ使用できるから」という理由が多くあがっていたグループで、「音楽、映画」や「雑誌、書籍」といったサブスクでよく利用されているサービスがあてはまります。このグループは、多種多様なコンテンツを保有するカテゴリーであることが特徴ですので、**金額を気にせず、好きなだけ利用できるという点に利用者はサブスクの価値を感じている**と考えられます。

左上の第2象限には、「必要なときだけ利用できるから」、「メンテナンスをする手間が省けるから」、「1回あたりの使用額がお得だから」という理由があがり、「自動車」や「旅行、宿泊、

4 分析上「コンタクトレンズ」は、「繰り返し購入の手間が省ける」という項目との相関が強すぎて外れ値となってしまうため、今回の分析からは除外しました。仮に図表3－3にマッピングする場合、第4象限の中心からかなり遠い場所にプロットされると考えられます。

図表3-3　サブスク、シェアリング・サービス利用理由の知覚マップ

（各サービス利用者ベース）

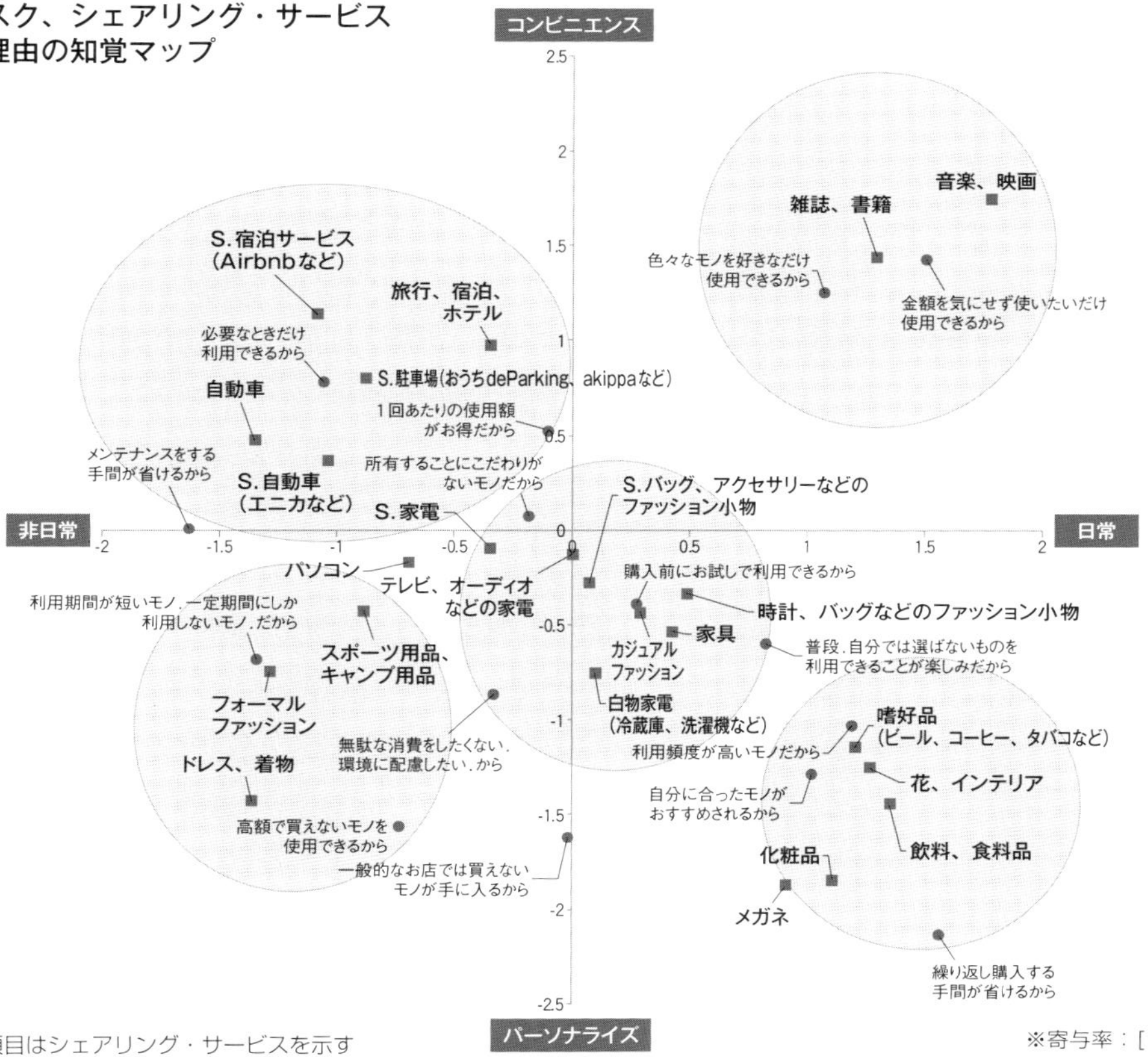

（注）S.の表記がある項目はシェアリング・サービスを示す

※寄与率：[1軸] 34.78 [2軸] 17.27

ホテル」などがあてはまります。**必要なときに、必要なだけ利用でき、メンテナンスなどの手間がかからないことが価値として受け入れられている**と考えられます。この象限には、シェアリング・サービスの項目も多く布置されていますが、こちらは次章で解説します。

左下の第3象限には、「利用期間が短いモノ（一定期間にしか利用しないモノ）だから」、「高額で買えないモノを使用できるから」といった理由が含まれており、「フォーマルファッション」や「ドレス、着物」、「スポーツ用品、キャンプ用品」といった「一時的な利用の商材」があてはまります。ハレの日に（限定的に）利用する高額な商材も多く、**利用機会がそれほど多くないモノを利用できることが価値につながっている**と考えられます。

右下の第4象限には、「利用頻度が高いものだから」、「自分に合ったモノがおすすめされるから」、「繰り返し購入する手間が省けるから」といった理由が含まれており、「化粧品」や「メガネ」、「インテリア」などがあてはまります。日常的に利用され、利用頻度も高い商材となっており、**自分の好みのスタイルや生活シーンに合ったものをおすすめしてくれる機能が求められている**ようです。

最後に、原点に近い位置には、「購入前にお試しで利用できるから」、「普段、自分では選ばないものを利用できることが楽しみだから」という利用理由があり、「カジュアルファッション」、「家具」、「ファッション小物」などがあてはまります。趣味や嗜好が出やすい商材で、比較的利用頻度も高いため、試して間違いのないものや、自分では普段選ばないものとの出会いが求められているようです。

ここまでみてきて、サブスクで提供されているモノやサービスの違いによって、消費者が求めるニーズ（＝利用理由）も異なることがわかりました。企業の立場からすると、自社が提供するモノやサービスに対してサブスクを利用してもらう意図、定額で使い続けてもらう意味をきちんと消費者に伝え、納得して試してもらえる工夫を凝らすことがサブスク利用の第一歩となります。

ここまでサブスクの利用実態や利用する理由について確認してきました。企業側にとって、サブスクを成功させるためには、「1回きりの利用で終わらない、継続的な顧客との関係性」が必要になります。そのため、サブスクを実際に利用している状況で利用者が感じているメリットやデメリットについて、次に確認していきます。

サブスク利用者に確認した「利用しているときの気持ち」を各項目ごとに「5．とてもそう思う」から「1．まったくそう思わない」の5段階評価で聴取し、「5．とてもそう思う」と「4．ややそう思う」の回答の合計値を確認すると、全32項目中で、最もスコアが高かったのは、「色々なモノを試すことができるので嬉しい」で、63・0％でした。「定額料金の元が取りたい」（56・0％）、「選べる数（選択肢）が多すぎて、迷うことがある」（44・0％）、「その商品・ジャンルに対する関心が高まった」（41・8％）が続いています（図表3－4）。料金の元を取ることに追われつつも、選択肢の多さに迷い、試しながらそのジャンルの商品への関心が高まっていく様子がみられます。また「持たない消費」との関連では「所有することの煩わしさから解放される」(41・2%)も回答率が高く、サブスクの利用によって所有の負の側面から解放されている様子もうかがえます。なお、回答率はそれほど高くはないものの、他者の目線に関する項目も聴取しています。「利用しているモノやコンテンツを企業から監視されている気がする」(24・2%)、「他人の好みを知ることができるので嬉しい」(18・8%)など、プラットフォームを伴うサービスならではの特徴といえるでしょう。

ここで示した実際にサブスクを利用して

図表3-4　サブスクを利用している時に感じる気持ち

■「とてもそう思う」+「ややそう思う」の合算値

(サブスク利用者1,500s・WB補正847s)(%)

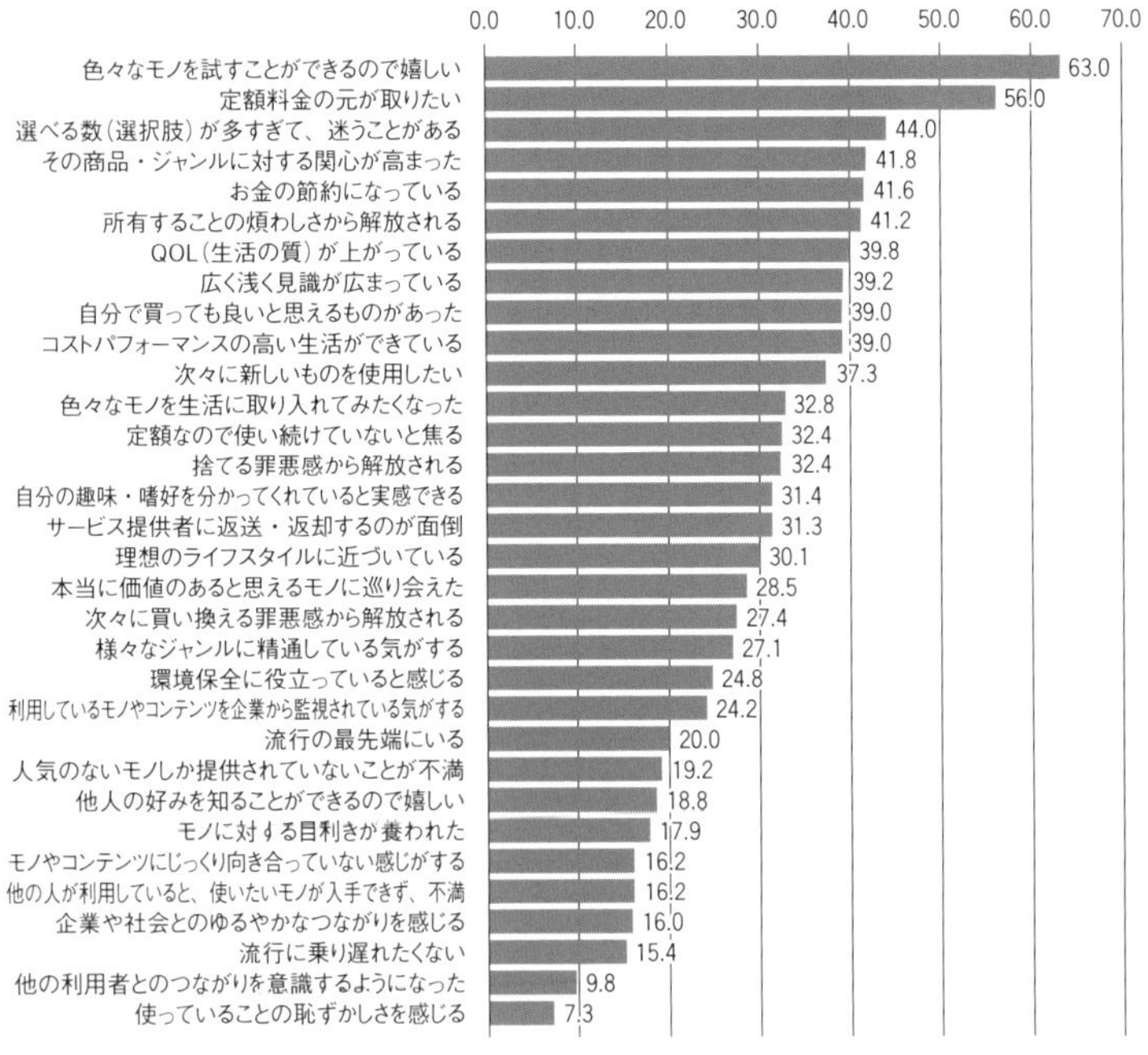

いる際に感じる潜在的な心理要素を把握しやすくするために、因子分析[5]という手法を用いました[6]。その結果、図表3－5で示すような4つの因子（潜在的な心理[7]）が抽出されました（詳しくは巻末資料②を参照）。

【ライフスタイル充足 因子】色々なモノを試すことができることの嬉しさ、その商品やジャンルに対する関心の高まり、本当に価値のあるモノに巡り会えた、QOL（生活の質）が高まったといった、モノを通じて得られる生活の豊かさや充実感などの、ライフスタイルが充足しているという気持ち

【サブスクへの不満 因子】人気のないモノしか提供されない、あるいは、使いたいモノが使えないなど、シェアリングが関係する場合、他者が利用していると自分が使えないという不満を感じる気持ち

図表3-5　サブスク利用による潜在的な心理

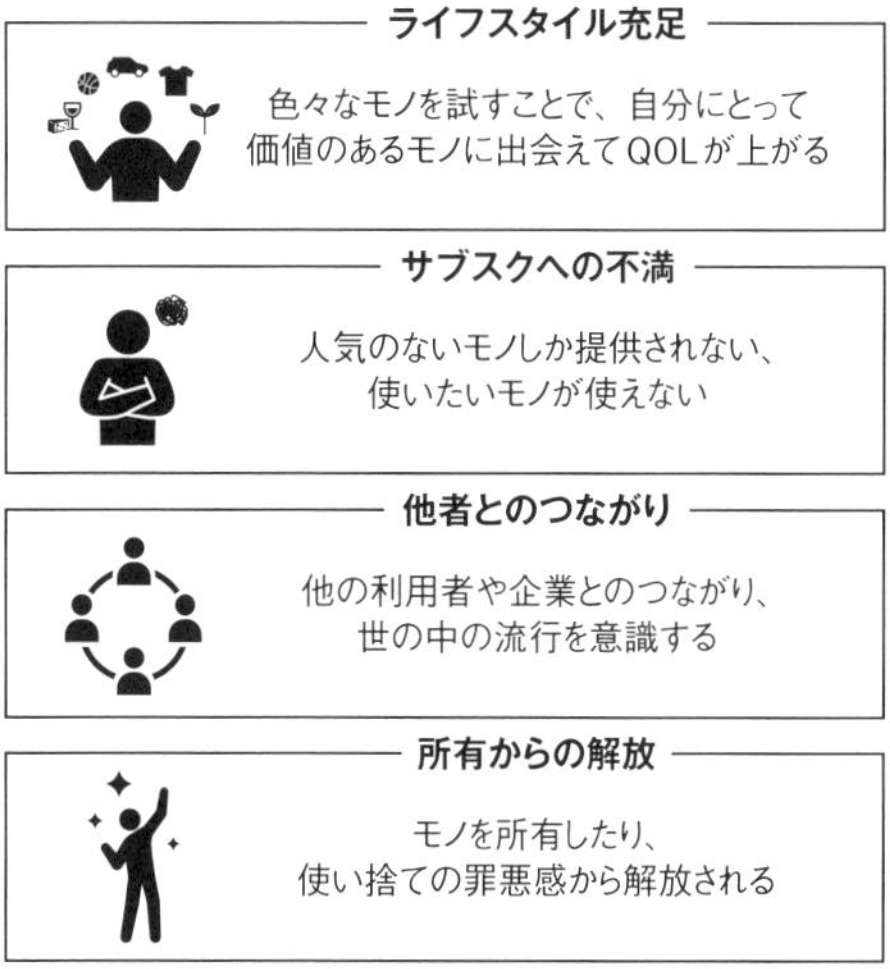
ライフスタイル充足
色々なモノを試すことで、自分にとって
価値のあるモノに出会えてQOLが上がる
サブスクへの不満
人気のないモノしか提供されない、
使いたいモノが使えない
他者とのつながり
他の利用者や企業とのつながり、
世の中の流行を意識する
所有からの解放
モノを所有したり、
使い捨ての罪悪感から解放される

出典：筆者作成。

5　質問項目の回答傾向から共通性を見つけ出すための統計的分析手法です。
6　今回の調査に用いた様々な選択肢は、筆者らで何度も議論したものですが、測定尺度の網羅性という課題はあります。ただし、この分野の先行研究が少ない中、この分析が今後の研究に役立つと考え、実施しています。
7　分析内容や結果について詳しく知りたい方は巻末の資料、および、2021年度の日本マーケティング学会 研究発表大会「第10回マーケティングカンファレンス2021」にて筆者ら3名で発表した「ライフスタイルを彩る“非所有消費”の研究」のプロシーディングス（http://www.j-mac.or.jp/oral/dtl.php?os_id=307：2022年2月28日アクセス）を参照してください。

【他者とのつながり 因子】他の利用者や企業とのつながり、世の中の流行を意識する、といった色々な人とのつながりを感じる気持ち

【所有からの解放 因子】モノの所有や使い捨ての罪悪感から解放されるといった気持ち

サブスク利用者は、サブスクの利用を通じてこのような心理を感じています。次節では、より長くサブスクを使い続けてもらうために、これらの4つの因子がどのように満足度に関係しているのかについて、ひもといていきます。

3 サブスク継続のために―ライフスタイルの充足感がカギ―

4つの因子と満足度との分析を進める前に、図表3－6で満足度について確認します。調査では満足度を、5段階評価（5．とても満足している、4．やや満足している、3．どちらともいえない、2．あまり満足していない、1．まったく満足していない）で聴取しています。「音楽、映画」の満足度（とても満足している＋やや満足している、のスコアの合計）は、19サービスの中で最も高い81・0％となっています。利用率の高かった「雑誌、書籍」（61・1％）、「自動車」（62・7％）は過半数が満足しており、消費者のニーズに対して適切なサービスが提供されている様子がうか

がえます。一方で、利用者がそれほど多くない「パソコン」や「花、インテリア」といった商材の満足度はやや低く、改善の余地があると考えられます。

サービスに対する満足度は、継続的な利用に影響する重要な指標です。前節で抽出した4つの因子（潜在的な心理）のどれが満足度を高める要素になるのかを、図表3－3の5つのグループごとに重回帰分析で確認しました。その結果、すべての商材で「ライフスタイル充足」因子が、満足度に正（プラス）の影響を与えることがわかりました[8]（詳細な結果は巻末資料②にて紹介しています）。

サブスクを提供する企業からすれば、**継続的に利用してもらうためには、サブスクがライフスタイルを充足させるような存在でなければならない**といえます。これは顧客との継続的な関係性をい

図表3-6　サブスクの満足度

■「とても満足している」+「やや満足している」の合算値

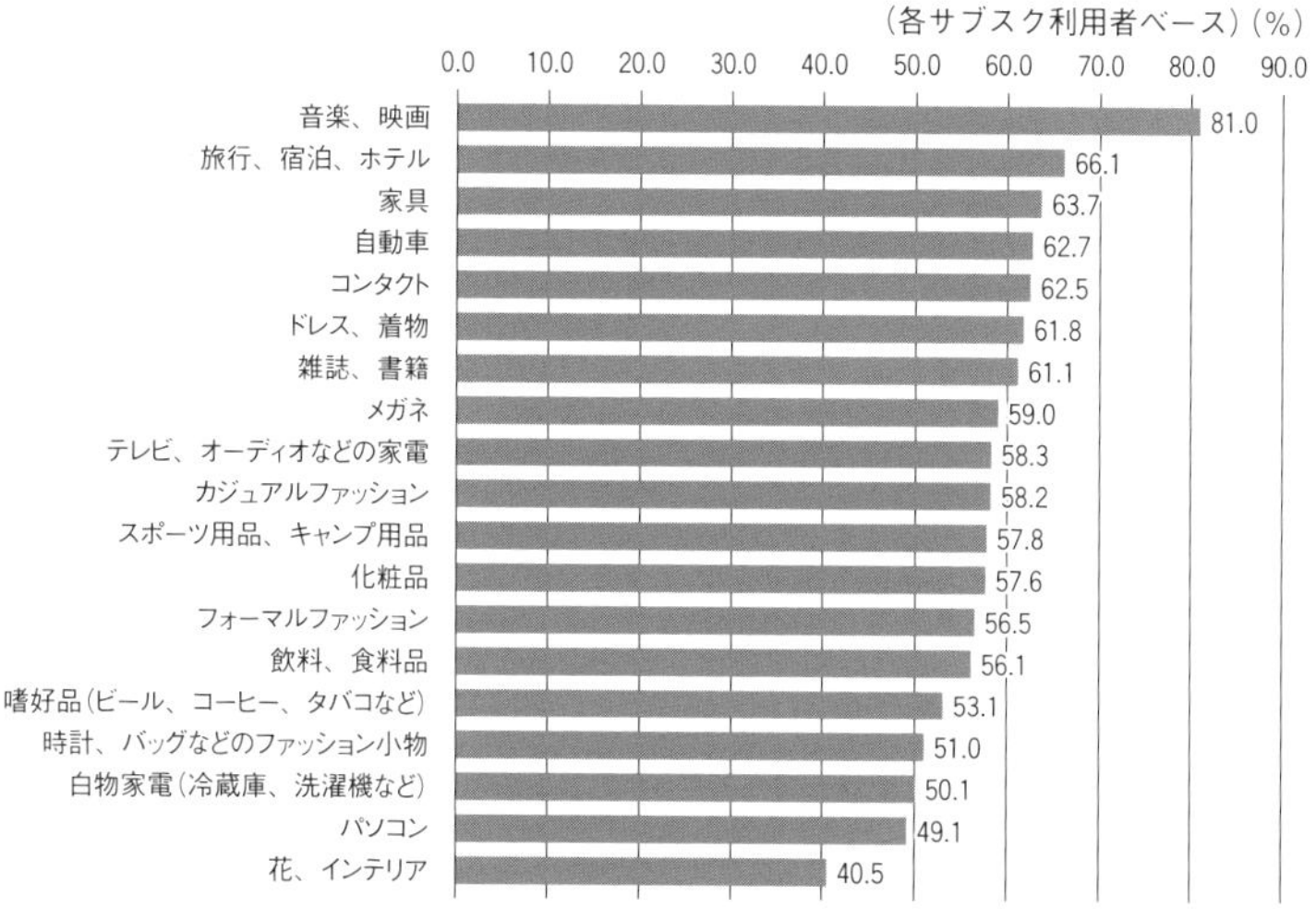

8　具体的には音楽・映画、自動車、飲料・食料品、時計・バッグなどのファッション小物、フォーマルファッションといった幅広い商材で、満足度に対して統計的に有意に正の影響を与えることがわかりました。データについては巻末の資料②に掲載しています。

かに高めていくか、という点において非常に重要です。

ライフスタイルを充足するといっても、人それぞれ価値観が異なりますので、求めているライフスタイルも当然異なります。そこで、このライフスタイルの充足についてより深く理解するために、「持たない時代」の消費者の多様な価値観を元に、消費者のタイプを分類しました。それぞれの消費者のタイプのライフスタイルと供に、どのようなサブスクやシェアリング・サービスを利用しているのか、そのときの気持ちなども含めたペルソナを第6章で示します。

ここまで、サブスク利用者のどのような心理がサブスク満足度（ひいてはサービスの継続）に影響するのかについて確認しました。次節ではサブスクを利用しない理由（阻害要因）についても確認していきます。

4 サブスクを利用しない理由

現在人口の3割ほどが何らかの形でサブスクを利用していますが、逆にいえば、まだ7割もの人は利用していないともいえます。そこで、なぜサブスクを利用しないのかについて確認しました（図表3－7）。

サブスクを利用しない理由の上位は、「常に利用したいわけではないから」（72・3％）、「継続的に料金を支払うことに抵抗があるから」（66・4％）、「解約することが面倒だから」（62・5％）、「サービス提供者に返送・返却するのが面倒だから」（60・6％）、「定額料金の元が取れなさそうだから」（58・3％）といった理由があげられています。

　このことから、**必要なときに、必要なだけ利用できるというサブスクの強みや、継続的な料金の支払いに対する抵抗感の払拭、解約したいと思ったときにストレスなく解約ができる手続きの用意、返却の手間の削減などが、サービスの設計面で重要であることがわかります。**

　一般社団法人日本サブスクリプションビジネス振興会[9]でも、解約についての議論は多く、「いつでも解約できること」がサブスクの本来の特徴でもあるため、「○年間は継続すること」という解約条件の縛り[10]があるものはサービス設計としては好ましくなく、行政でも問題視されているようです。

　同じようなサービスが他社でも提供されている場合、消費者は各サービスのコストパフォーマンスを見極めるために比較検

図表3-7　サブスクを利用しない理由

■「とてもそう思う」+「ややそう思う」の合算値

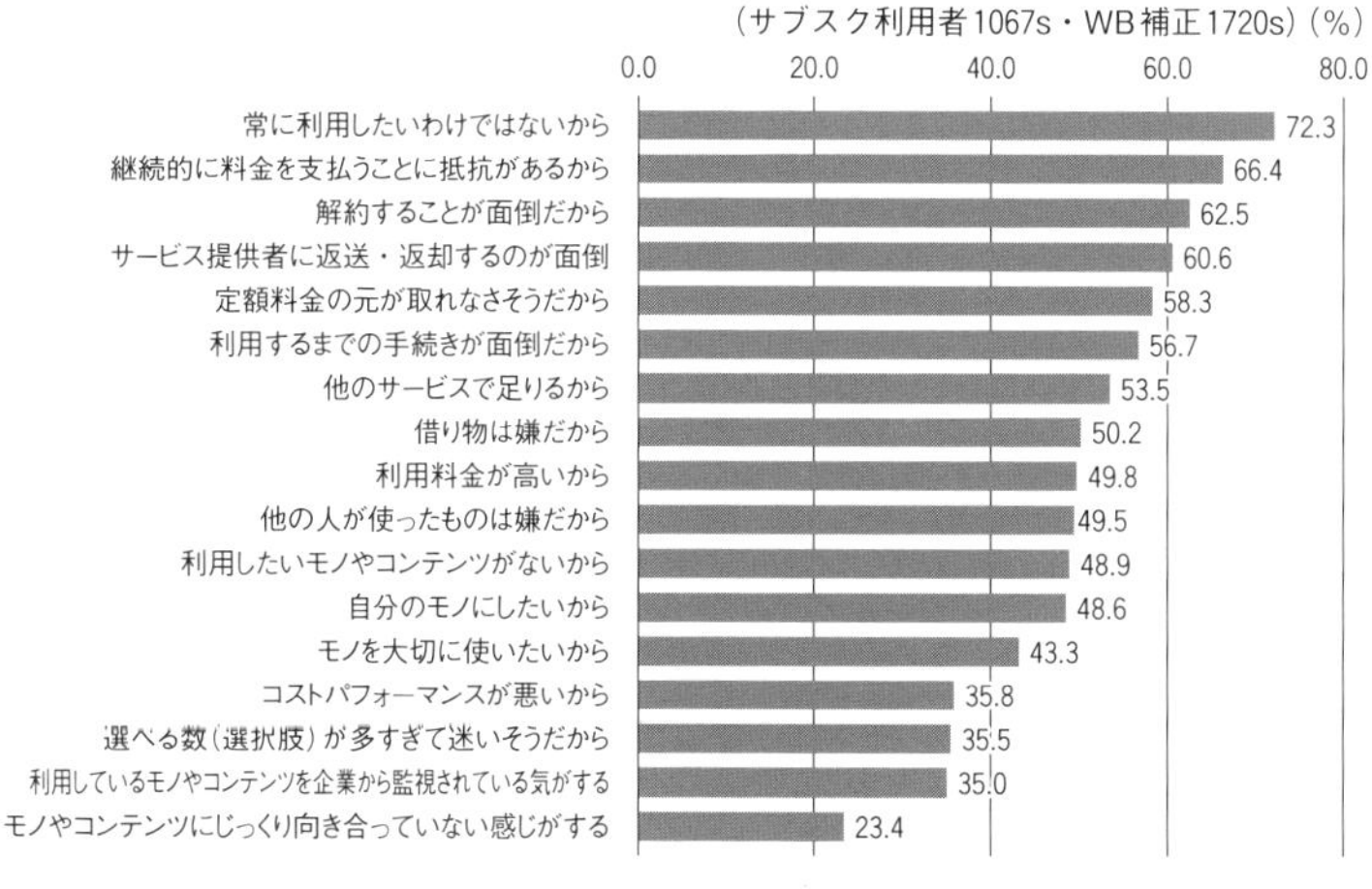

討するため、サービス内容と料金設定とのバランスや解約方法の自由度が重要になります。言い換えると企業側は上記のような不便の解消や、コストパフォーマンスについてホームページ等で提示しておかないと利用者獲得にはつながらないと考えられます。

本章では、サブスク利用者の実態と意識についてみてきました。様々なモノを試すことができる、所有の煩わしさから解放されるといった消費者のメリットを背景として、音楽や映画、書籍、自動車といったサブスクが特に普及しており、満足度も高い消費形態であることがわかりました。

一方で、商材やカテゴリーによって、利用する理由が異なることもわかってきました。本章では5つのグループに分けて解釈しましたが、展開されるモノやサービスによって求められる要素（ニーズ）を見極めていくことが重要になるでしょう。今後のサブスクの広がりや行く末については、第3部で改めて検討していきたいと思います。次の第4章では、シェアリング・サービス利用者の実態について紹介していきます。

9　一般社団法人日本サブスクリプションビジネス振興会は、日本でサブスクを普及させていく目的で2018年12月に設立されました。本書で当振興会から引用している部分については、執行役の吉澤哉氏にインタビューした内容に基づきます。

10　7章以降に事例として登場するサブスクの中には、支払期間の選択という意味で契約年数の話が出てくるものもありますが、契約期間の縛りを求めるビジネスはありません。やや似ていますが顧客が選択できるか否かで違いがあります。

第3章のポイント

- 「音楽、映画」「雑誌、書籍」「自動車」のカテゴリーでサブスクの普及が進んでいる。サブスクを利用する理由は商材によって異なっており、商材は大きく5つのグループに分類できる。それぞれの商材に合った訴求ポイントをもとにサービスを設計することが重要である。
- サブスクに満足して継続してもらうためには、ライフスタイルの充足度が重要である。
- サブスクは、コストや所有の煩わしさから解放し、利用へのハードルを下げる消費者にとって優しいサービス設計である。ただし、サービス内容と料金設定のバランスや、解約のしやすさ、手間の削減を意識して設計し、伝えることが利用者のさらなる獲得につながる。

第4章

シェアリング・サービスの利用実態

1　シェアリング・サービスの利用実態
―3%のイノベーターが市場を切り開く―

まず、シェアリング・サービスの利用者属性と利用実態を調査結果からみてみましょう。本書ではシェアリング・サービスを「（オンライン・プラットフォーム上で）消費者個人が保有している資産を別の消費者が利用するサービス」としています。この定義をもとにした調査で明らかになったシェアリング・サービスの利用者は、一般男女では3・0%で、まだ小さな市場であることがわかります。つまり、純粋なCtoCの市場浸透率はまだ低く、「イノベーションの普及過程理論」でいえば、イノベーターが利用し始めた段階でしかありません。[1]ただし、20代では4・7%、30代では6・0%とやや多い傾向にあり、**若年層を中心に利用が拡大しつつあります**。

では、シェアリング・サービス利用者はどのような人たちなのでしょうか。一般男女と比較して、デモグラフィック属性で特徴があった点は以下のとおりです。

・年代・性別：30代男性[*2]・20−30代女性
・職業：会社員・公務員（内勤・事務・労務職・専門職[*]）

1　「イノベーションの普及過程理論」とは、エベレット・M・ロジャーズ（Everett M. Rogers）によって提唱された理論です。新しい財・サービスが市場に出て、世の中に浸透するまでのプロセスの中で、その財・サービスを採用する時期で相対的に消費者を5つの分類に分けたもので、採用時期の早い段階から、イノベーター（2.5%）、早期採用者（13.5%）、前期多数採用者（34%）、後期多数採用者（34%）、採用遅滞者（16%）の分布で構成されます（Rogers, E.M.（1982）*Diffusion of Innovations*, Third Edition. エベレット・M・ロジャーズ、青池愼一・宇野善康訳（1990）『イノベーション普及学』産業能率大学出版部）。

・居住形態：一人暮らし世帯*、未婚で親と同居*、親族以外の他人と同居（シェアハウスなど）*
・世帯年収：800万円以上
・居住地域：東京都在住

特徴としては、独身者が多く、金銭面でも比較的生活にゆとりのある人たちのようです。また、（小さな数字ですが）「親族以外の他人と同居（シェアハウスなど）」が2・8％（一般男女1・4％）と、シェアリング・サービスの利用者らしい様子をみせています。彼らが新しいサービスを利用したり、買い物をしたりするときに参考にする情報源は、サービス提供企業のサイトやSNS、ブログの記事が高い一方で、一般男女に比べて、テレビCMやテレビ番組が低く、オンライン上の情報を重視している様子がうかがえます。

シェアリング・サービスの代表格ともいえるエアビーアンドビーなどの宿泊サービスは、2人に1人が利用したことがあると回答しています。また車をシェアする「エニカ」（AnyCa）のような自動車関連サービスを利用したことのある人が40・2％、「アキッパ」（akkipa）のような駐車場空きスペースをシェアするサービスを利用したことのある人が30・0％と、**空間や移動手段をシェアするサービスの利用者が多いことがわかります**（図表4－1）。また、これまでに利用したことのあるシェアリング・サービスの数は平均3・6種類、2種類以上利用したことのある人も

2　＊の項目は、有意差はありませんが、一般男女と比較してポイントが高く特徴的な項目を抜粋しています。

約6割で（図表4－2）、シェアリング・サービス提供業者自体の数が少ないにもかかわらず、積極的に利用している層が一定数存在しています。

2　シェアリング・サービスの利用理由と満足度
—訴求ポイントはサブスクと同じ—

では、どのような理由でシェアリング・サービスを選んでいるのでしょうか。商材ごとにみていきます（図表4－3）。まず、宿泊サービスは「必要なときだけ利用できるから」（43・1％）が最も多く、次いで「1回あたりの使用額がお得だから」（40・1％）が多い結果となりました。似たような傾向にあるのが駐車場サービスで、「必要なときだけ利用できるから」（48・1％）、「1回あたりの使用額がお得だから」（19・4％）となっています。宿泊サービス、駐車場サービスとも、旅行や外出先での一時的な利用が多いことが予想されますので、所有を前提としないお得感や利便性が重視されているようです。

図表4-1　利用経験のあるシェアリング・サービス

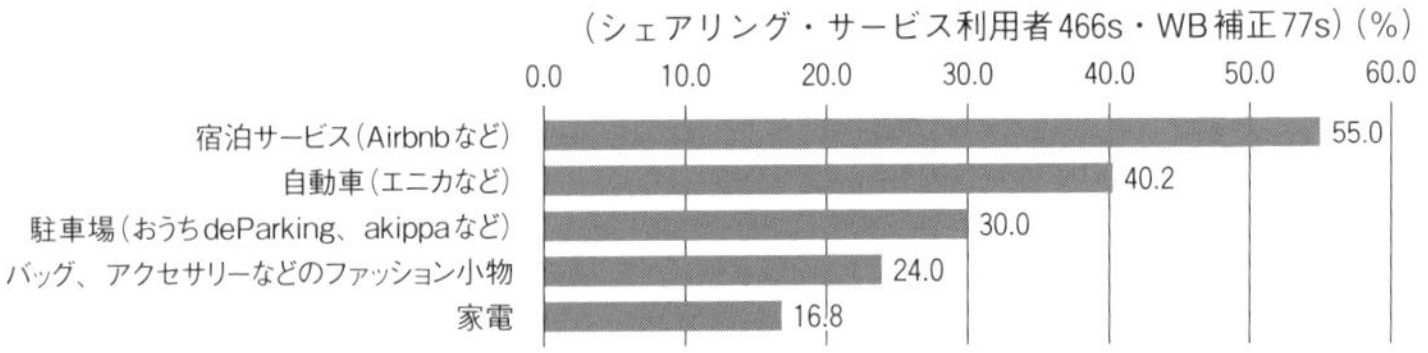

図表4-2　利用経験のあるシェアリング・サービス数

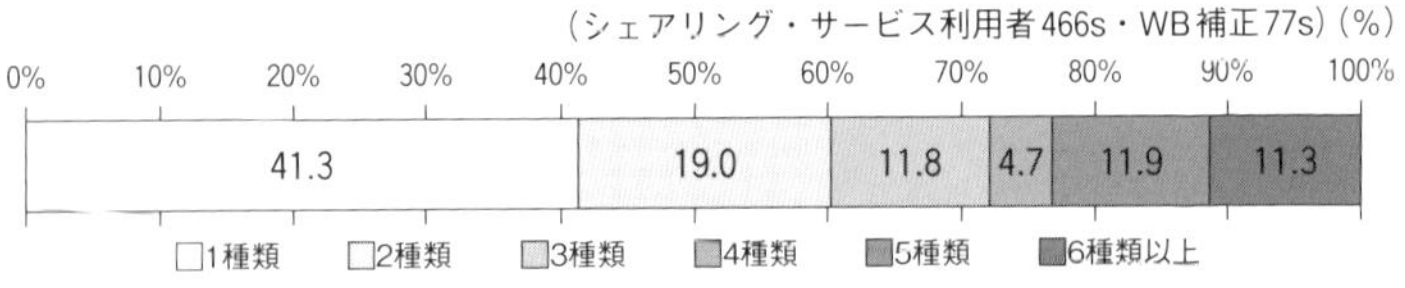

自動車関連サービスでは、このお得感や利便性に加えて、「購入前にお試しで利用できるから」（16・2％）、「高額で買えないモノを使用できるから」（15・4％）や、「メンテナンスをする手間が省けるから」（17・7％）が利用理由としてあがってきます。このジャンルで代表的なサービスであるエニカのコンセプトは、「『乗ってみたい』に出会えるカーシェアアプリ」[3]です。個人の車オーナーから提供される車両を利用できるため、一般的なレンタカーでは出会えないような外国車やスポーツカーを利用することもできます。これまではディーラーで試乗する方法しかなかった、一度は運転してみたいと思った車種を気軽に利用できることは、車好きにとっては嬉しいサービスなのではないでしょうか。

その他、バッグ・アクセサリーなどのファッション小物のシェアリング・サービスも「色々なモノを好きなだけ使用できるから」（26・2％）、「必要なときだけ利用できる

図表4-3　シェアリング・サービス商材別利用理由　(%)

	宿泊サービス（Airbnbなど）(n=232s/WB補正42s)	自動車（エニカなど）(n=203s/WB補正31s)	駐車場（おうちdeParking、akippaなど）(n=151s/WB補正23s)	バッグ、アクセサリーなどのファッション小物 (n=123s/WB補正18s)	家電 (n=99s/WB補正13s)
必要なときだけ利用できるから	43.1	47.5	48.1	24.4	23.6
1回あたりの使用額がお得だから	40.1	25.5	19.4	16.6	16.6
利用期間が短いモノ（一定期間にしか利用しないモノ）だから	25.6	18.5	17.1	16.4	17.6
普段、自分では選ばないものを利用できることが楽しみだから	14.2	10.8	4.8	10.3	7.6
色々なモノを好きなだけ使用できるから	13.9	16.9	12.6	26.2	19.9
所有することにこだわりがないモノだから	7.8	13.9	18.2	18.8	19.1
利用頻度が高いものだから	6.6	9.8	12.3	26.2	18.2
メンテナンスをする手間が省けるから	6.5	17.7	6.6	14.1	10.0
金額を気にせず使いたいだけ使用できるから	6.4	8.2	10.4	12.7	3.5
高額で買えないモノを使用できるから	6.1	15.4	8.9	18.5	11.0
無駄な消費をしたくない（環境に配慮したい）から	4.7	11.0	5.3	8.3	7.5
購入前にお試しで利用できるから	4.6	16.2	10.5	15.6	13.6
自分に合ったモノがおすすめされるから	4.3	4.3	4.5	2.9	3.8
一般的なお店では買えないモノが手に入るから	1.9	4.3	5.6	7.8	1.0
繰り返し購入する手間が省けるから	0.8	3.7	1.7	4.6	3.5
その他	0.1	0.4	0.6	-	0.5

3　エニカホームページより（https://anyca.net/beginner：2022年3月13日アクセス）。

から」（24・4％）が主な利用理由としてあがってきています。ファッション小物関連サービスでは、他商材よりも「利用頻度が高いものだから」（26・2％）が多いことが特徴的な傾向です。

シェアリング・サービスを利用する理由は、サブスクと同様に、商材によって異なっています。第3章で取り上げた商材×利用理由の知覚マップ（図表3－3、47頁）では、シェアリング・サービスの5つの商材はサブスクの同じ商材と近い場所にプロットされました。つまり、**サブスクもシェアリング・サービスも、商材が同じであれば利用者側が求めるニーズは同じである**といえます。

また、図表4－4にあるように、シェアリング・サービスの5つの商材はいずれにおいても満足度（とても満足している＋やや満足している の合計値）が7割を超えており、高い満足度を獲得しています。

3 シェアリング・サービスに求めていること
―他者とのつながり―

シェアリング・サービス利用者は、シェアリング・サービスに何を求めて

図表4-4　シェアリング・サービス商材別利用満足度

■「とても満足している」+「やや満足している」の合算値

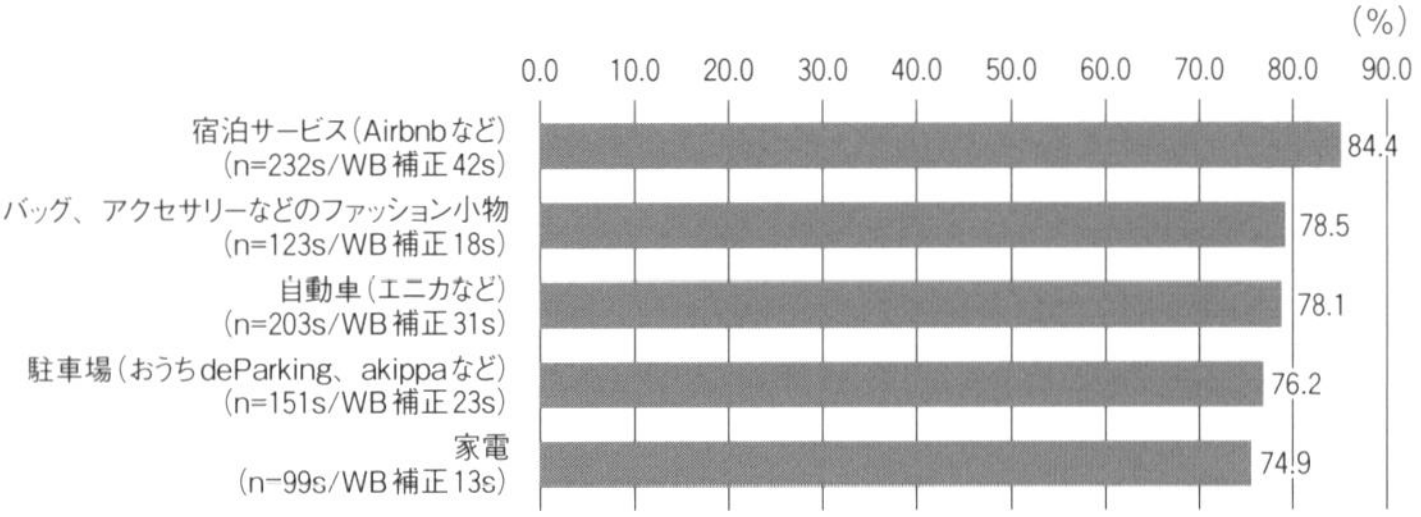

いるのでしょうか。「シェアリング・サービスを利用しているときの気持ち」を項目ごとに「5．とてもそう思う」から「1．まったくそう思わない」の5段階評価で聴取し、「5．とてもそう思う」と「4．ややそう思う」の回答の合計値を確認すると、「お金の節約になっている」（61・4％）が最も高い結果となりました（図表4－5）。サブスク利用者ではこの項目は、41・6％にとどまっていましたので、**シェアリング・サービスの利用者の方が節約に対する意識がより強いことがわかります。**

またサブスク同様に、「色々なモノを試すことができるので嬉しい」（55・2％）の項目も高い傾向にあります。購入せずに様々な車種を体験することができるエニカ、高額なブランドバッグを利用することができるラクサスなど、**所有にこだわらなければ、お金を節約して様々なものを試すことができるという点がシェアリング・サービスの利用につながっているよう**です。さらに、サブスク利用者でも高いスコアであった「所有することの煩わしさから解放される」（48・1％）、「コストパフォーマンスの高い生活ができている」（50・6％）、「QOL（生活の質）が上がっている」（44・9％）といった項目も高く、**直接的な利便性だけではなく、所有に関わる様々なことから身軽になり、生活そのものが改善していることを感じています。**例えば、自動車であれば、自動車購入費だけでなく、駐車場代、保険料、車検代など維持費もかかりますし、洗車やメンテナンスも定期的に必要となります。そのような**費用や労力、時間から解放されることは、まさに**

所有しないことのメリットといえるでしょう。

「利用しているときの気持ち」については、サブスクと同じ項目を聴取していますが、シェアリング・サービスがサブスクに比べて突出していた項目がありました。それは、「企業や社会とのゆるやかなつながりを感じる」（30・4%）、「他の利用者とのつながりを意識するようになった」（33・5%）です（図表4－6）。

シェアリング・サービスでは、サービスによって、**提供者と利用者が直接、接点を持つこともありますし、利用後の感想コメントは提供者（オーナー）評価としてサイト上に**

図表4-5　シェアリング・サービスを利用しているときの気持ち

■「とてもそう思う」+「ややそう思う」の合算値

（シェアリング・サービス利用者466s・WB補正77s）（%）

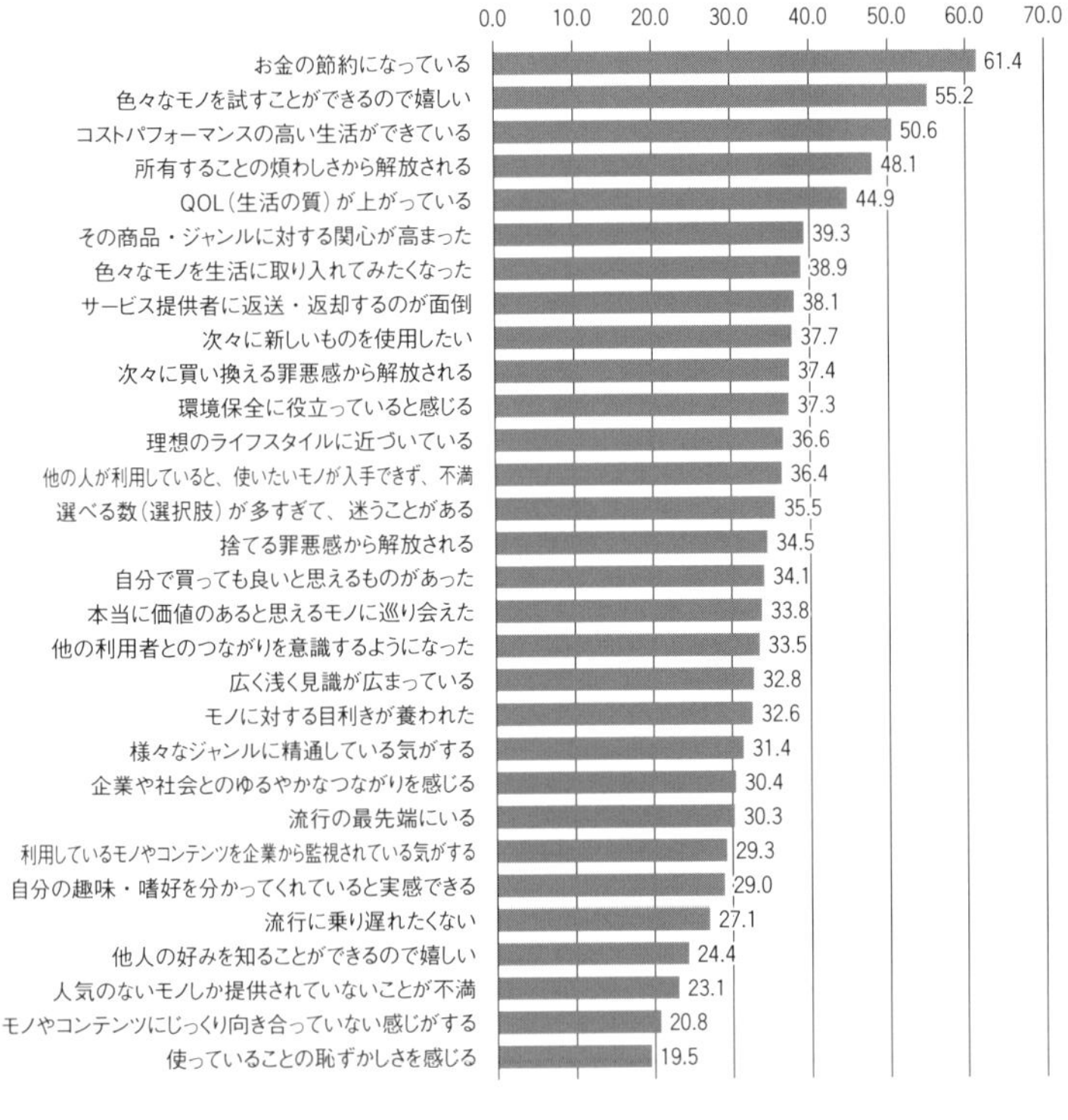

開示され、次の利用者にとっての参考情報となります。このようなサービスの仕組みが「他者とのつながり」をより強く感じることにつながっているようです。生活者インタビューでも、利用者から以下のような意見があがっていました。

「しっかりしたホストは、おもてなしがすごい。みかんや宿周辺の独自マップを置いてくれていて、直接会わなくても、おもてなしを感じた。」（20代女性、宿泊サービス利用者）

「ホストと顔の見える関係になったことで、ちゃんと評価しないと悪いなと思う。でも悪いことを書きにくいと思ってしまい、良い事だけを書いてしまった。」（50代女性、宿泊サービス利用者）

「個人間でのやりとりだと、オーナーと最初にメールでやりとりをしないといけない。それがすごく面倒に感じる。」（20代男性、カーシェアリング・サービス利用者）

このようにサービスを利用する中で、提供者との直接的、間接的なやりとりは、良くも悪くもそのサービスの利用に強く影響を及ぼします。特にサービス提供者と直接やりとりをする必要のあるサービスは、新規利用者にとっては高いハードルになりますし、サービス利用時の提供者との関わり方や体験が、リピート利用にも強

図表4-6　シェアリング・サービスを利用するときの気持ち（サブスクとの比較）

■「とても満足している」+「やや満足している」の合算値　＊一部抜粋

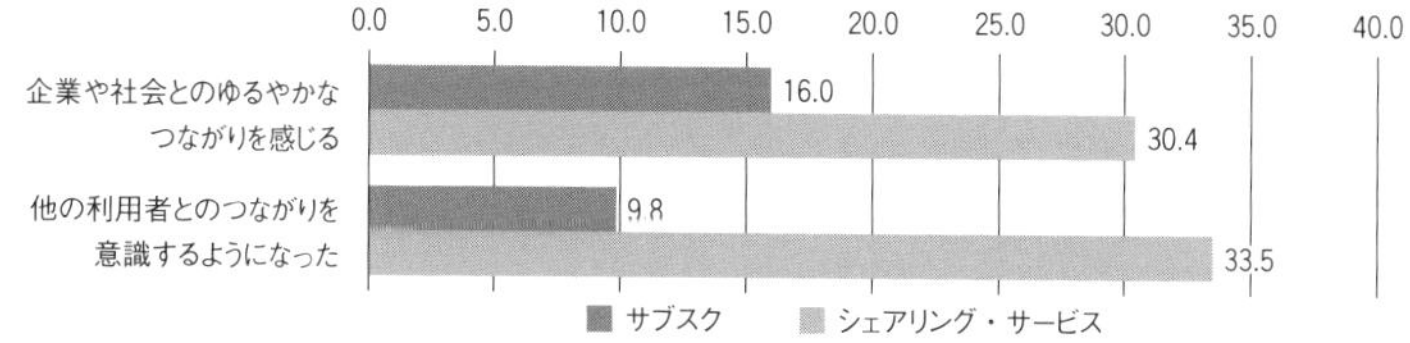

く影響を与えると考えられます。シェアリング・サービス利用者の中には、あえて提供者と接点を持つ必要のないタイプのものを選んで利用する人も多くみられました。また同じモノを共有して利用するため、他の利用者の存在を強く感じることもシェアリング・サービスの特徴といえるでしょう。

4 シェアリング・サービス提供側の課題
―提供者側のフクザツな気持ち―

これまでは主にシェアリング・サービスを利用者側の視点でみてきましたが、CtoC取引であるシェアリング・サービスでは提供者側の視点も重要な要素となります。ここで少しだけシェアリング・サービスの提供者側の気持ちについても触れておきましょう。「シェアリング・サービスでモノやサービスを提供するときの気持ち」を提供経験のある人から聴取しました（図表4－7）。最も高かったのは「自分のものが人の役に立つことは嬉しい」（43・6％）でした。一方でネガティブな側面として、「提供先とのトラブルが心配」（25・6％）、「物損があったときに保証してもらいたい」（23・9％）といったように、何かトラブルが発生したときに対する懸念や、

図表4-7　シェアリング・サービス　サービス提供者の気持ち

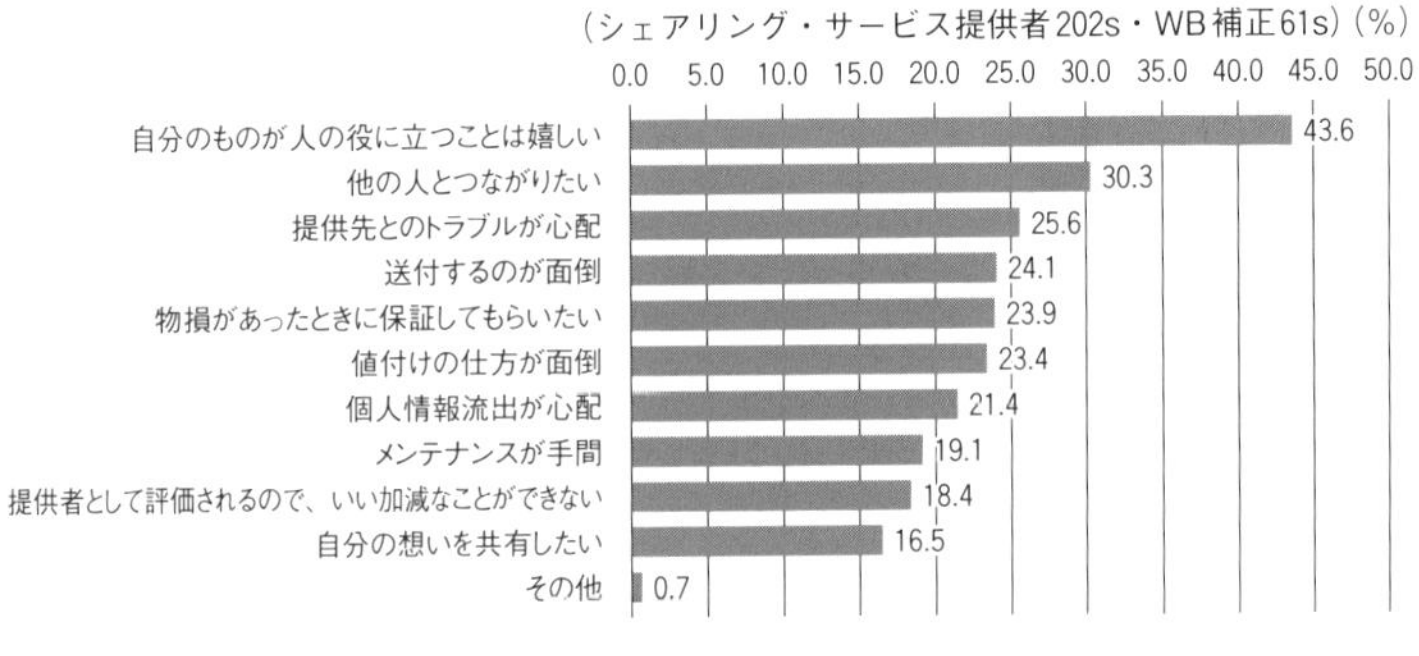

「送付するのが面倒」（24・1％）、「値付けの仕方が面倒」（23・4％）などのように、提供するにあたっての手間が、それぞれ2割程度、意見としてあがっていました。

サービス運営会社にとって、売上拡大のためには取引総量を増やすこと、ひいては提供量をいかに増やすことができるかが重要な課題です。利用者の視点からみても、シェアリング・サービスを利用するときの気持ちの中には、「他の人が利用していると、使いたいモノが入手できず、不満」（36・4％）というネガティブな気持ちも一定数あり（図表4－5）、利用者のサービス利用満足度や継続意向にも影響してくるポイントであると考えられます。**提供量を増やすために、提供者の感じる懸念要因をいかに払拭するかが、サービス運営企業にとっての重要な課題になってくる**と考えられます。

5 サブスクとシェアリング・サービス利用者の比較
―共通点は消費欲とバラエティシーキング、相違点は所有欲と環境への意識―

サブスクもシェアリング・サービスも同じように「持たない消費」ですが、すでに利用経験者が3割を超えるまで浸透してきているサブスクと、現時点では利用者が3％にとどまるシェアリング・サービスの共通点と相違点についてみてみましょう。

今回の調査における回答者の属性を比較すると、前にも触れているように、サブスクもシェアリング・サービスも若年層かつ会社員の利用が多く、居住地も東京を中心とする首都圏が多い傾向でした。世帯年収ではシェアリング・サービス利用者の方が少し高い傾向はみられますが、両者の利用者は比較的似た属性となっています。

買い物や所有に対する意識に関する質問では、サブスク利用者とシェアリング・サービス利用者は「より多くのものから選びたい」という志向や「色々なものを試したい」という**バラエティシーカーの要素を多分に兼ね備えている層という点で共通点があります。**また、消費欲の高さも両者に共通しています。「モノを買うことは、私にたくさんの喜びを与えてくれる」、「欲しいと思ったものを全て買うだけの余裕がないことに時々悩んでいる」の項目にみられるように、消費欲において一般男女に比べて高い傾向がみられます（図表4－8）。**「持たない」＝消費欲が低いということではなく、むしろ、サブスクやシェアリング・サービスの利用者は自分の使えるお金を効率的に利用して、様々なモノやサービスを利用することに喜びを見出す人々**

図表4-8　買い物や所有に対する意識：サブスク利用者 vs. シェアリング・サービス利用者 vs. 一般男女

■「とてもあてはまる」＋「ややあてはまる」の合算値　＊項目より一部抜粋
（サブスク利用者1,500s・WB補正847s／シェアリング・サービス利用者466s・WB補正77s／一般男女・WB補正2,567s）

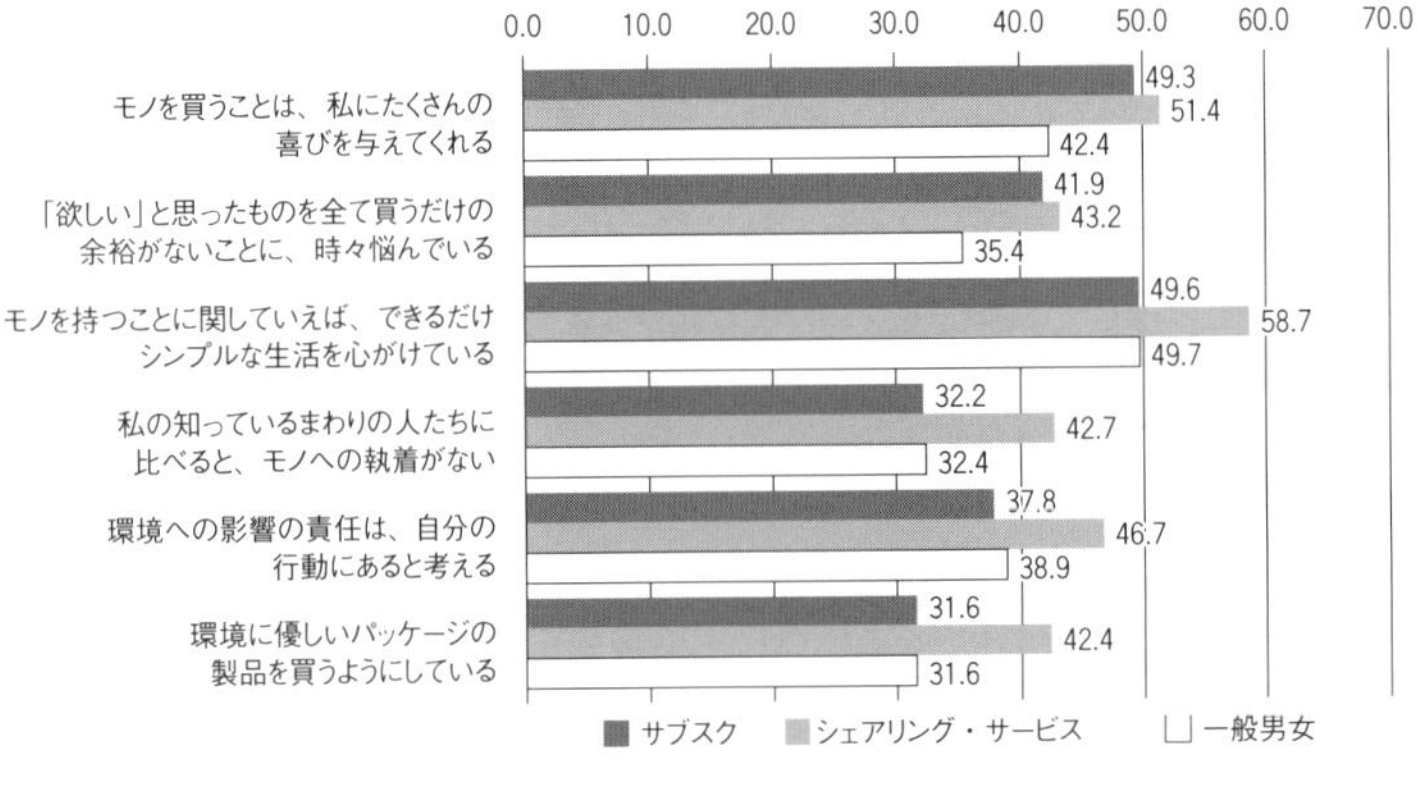

であることがみえてきます。

一方で、シェアリング・サービス利用者において特徴的に高い数字を示している志向として、所有欲の低さがあります。「モノを持つことに関していえば、できるだけシンプルな生活を心がけている」「私の知っているまわりの人たちに比べると、モノへの執着がない」の項目にみられるように、**必ずしも所有する必要はなく、できるだけシンプルに生きていきたい、そのために「所有しない」サービスをうまく利用している人たちがシェアリング・サービス利用者に多いといえる**でしょう。

さらに、もう1つ特徴的な点が環境に対する意識です。「環境への影響の責任は、自分の行動にあると考える」「環境に優しいパッケージの製品を買うようにしている」の項目からわかるとおり、一般男女やサブスク利用者に比べて、環境への配慮についてはかなり高い数値を示しています。シェアリング・サービスとは「個人の遊休資産を活用するサービス」（総務省）と定義されていますが、「ある人にとっては不要なものでも、他のある人にとっては必要なものをシェアし合う＝有効に活用する」という発想は、**無駄な消費をなくすことにつながり、さらには環境対策にもつながるといえる**でしょう。

今回行った生活者インタビューでは、多くのシェアリング・サービス利用者から「自分の小さな行動が環境対策につながっている」、「自分のスキルを誰かのために役に立てたい」という声が上がっていました。直接的・間接的に関わらず、自分の行動が、他の誰かとつながっており、影響を与え合っているという意識を強く持っている人たちであり、それこそが**シェア・マインド**なのかもしれません。そして、このようなマインドを持っているからこそ、他者とつながるシェアリング・サービスの利用のハードルも簡単に飛び越えていくのでしょう。

第4章のポイント

- シェアリング・サービスの利用理由は、サブスクのそれと大きな差はない。
- シェアリング・サービスを利用するときには他者とのつながりを強く感じる。
- シェアリング・サービス利用者は消費欲が高い一方で、所有欲は低い。また環境に対する配慮も強く、自分の行動が他者とつながり、影響を与え合っているという意識を持った「シェア・マインド」の高い人たちである。

第5章

「持たない消費」に影響する価値観

第5章では、消費者の行動やライフスタイルに影響を与える価値観について紹介しながら、近年の消費者行動研究において議論が進みつつある、モノの所有に対する新しい考え方である「ソリッド消費・リキッド消費」、および「アクセスベース消費」やそれに関連する物質主義（物欲）やシェアリングに関する研究について紹介します。そして、これらの視点をふまえて、価値観による消費者タイプを5つに分類します。少し難しい内容も含まれますが、できるだけわかりやすく紹介していきます。

1 消費者行動に影響する「価値観」

消費者の行動には価値観が影響します。例えば、「作り手のこだわりを感じるような「ほんもの」の商品を長く利用し続けたい」という「モノづくり」に対して強い関心を持っている方であれば、商品を選ぶ際にも自分の目でしっかりと現物を確認し、他の商品とじっくり比較検討しながら、自分が最良（ベスト）だと思うモノを買うでしょう。他にも、「多くのモノに囲まれているほど幸せを感じる」という方がいる一方で、「モノはできるだけ持たない。スマートフォンやパソコンさえあれば、あとは他人とモノをシェアしながら生きていける」といったシンプルに生活したいと思うミニマリズム的な生き方を求める方もいると思います。また、世の中はたくさんのモノで溢れていますので、「色々なモノを試してみたい！」と思う方もいれば、「色々ありすぎて疲れる」といった方もいると思います。

つまり消費者は、1つの価値観だけで行動を決めているわけではなく、「モノに対する愛着」、「モノの豊かさ」、「コストパフォーマンスの良さ（経済性）」、「シェアリング・サービスだけでシンプルに生きる」、「色々と選びたい、でもたくさんの中から選ぶのは面倒」、「環境に配慮したモノを買う」などの様々な価値観が影響し合って、[1] 消費の仕方（パターン）としてのライフスタイルが形成されていくのです。[2] 特に、企業が消費者を理解するのが難しいといわれるゆえんは、消費者の価値観の多様性に加え、「モノからコトへ」といわれるように、体験価値や経験価値を強く求めるようになってきているためです。この体験したいコトや経験の程度は消費者によって異なるため、[3] 企業がそれを捉えづらくなっているのが現状です。とはいえ、持たない時代において、この「消費者が求める価値とは何か」という点を改めてしっかりと理解することが重要になります。

そこでこの第5章では、こういった価値観を大切にしながら、どのような消費者がサブスクやシェアリング・サービスを利用するのかについて明らかにしていきます。以下の図はコトラーらの『Marketing 5.0』からの引用ですが、目に見える「行動」には、好き・嫌いといった「態度」が関係しており、そのさらに根底には「価値観」が影響しています[4]（図表5－1）。つまり、

1　Akbar, P., R. Mai & S. Hoffmann（2016）When Do Materialistic Consumers Join Commercial Sharing Systems, *Journal of Business Research*, 69(10), 4215-4224.

2　髙橋広行（2011）『カテゴリーの役割と構造：ブランドとライフスタイルをつなぐもの』関西学院大学出版会（学術的アプローチが中心のかなり難しい本ですが、カテゴリー構造を中心にしながら、ライフスタイルに入り込むためのブランドのあり方について議論しています）。

3　守口剛（2020）「モノからコトへの価格戦略」『流通情報』52(4), 4-12。

先ほどの第3章・第4章で紹介したサブスクやシェアリング・サービスを利用しているときの態度や気持ち、ニーズの背景にある、消費者の様々な価値観の組み合わせを明らかにすることで、消費者を理解し、企業がどのような消費者に向き合うべきなのか、また消費者にどのような価値を提供すべきなのかを示すことができればと思い、分析を進めていきます。

なお、この本では、普段のビジネスの現場ではあまり聞きなれないデータ解析を用いながら分析していきます。とはいえ、本書は実務の方々に読んでいただくことを念頭に置いて書き進めていますので、分析の結果から読み取れる点を中心に紹介していきます。分析結果などの細かな内容は最後の資料③にまとめていますのでご参照ください。

その前に、まずは最近の消費者行動研究の視点を共有しながら、価値観の測定について触れていくようにします。

図表5-1　行動・態度・価値観の関係

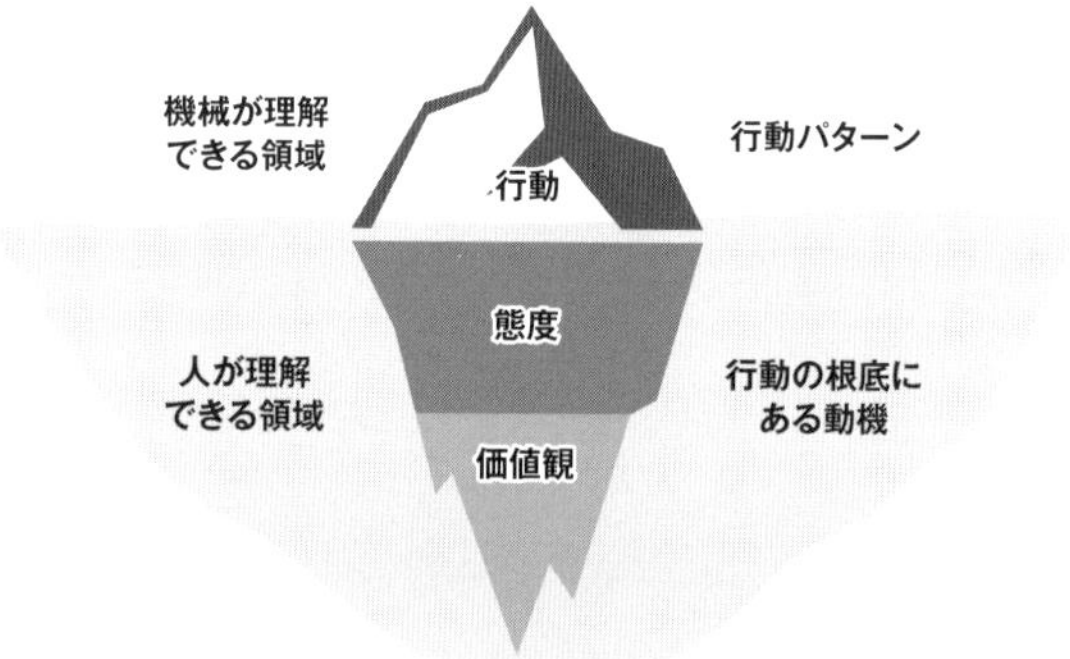

出典：Kotler et al. (2021) より引用。

4　AIなどの機械は、消費者が行動する背後にある心理的な要素は理解できないがマーケターはこの心理的な背景を理解していくことが求められるとコトラーらは示しています（Kotler, P., H. Kartajaya & I. Setiawan (2021) *Marketing5.0: Technology for Humanity*, WILEY）。

2 持たない時代の消費の潮流
―ソリッド・リキッド消費とアクセスベース消費―

近年、消費者行動研究において、注目されている研究の1つに「ソリッド消費」「リキッド消費」があります。それに近い研究として、「アクセスベース消費」という研究も進んでいます。

まず、ここで示す「ソリッド」や「リキッド」について説明します。わかりやすくいうならば、**ソリッドとは「物質的なモノ」を指しており、ソリッド消費とは、モノに対して愛着を持ち、長く所有することに価値を感じる消費のあり方です。**モノの持つ価値とは、いくつかの優れた特徴であり、モノを所有する理由は、モノを通じた自己表現（例えば、「ベンツ」に乗っていることで自分のステータスをアピールすることや、「アップル・ウォッチ」をつけていることが自分のスマートさの象徴になること）、モノを持つことで安定した生活ができると感じているからです。

一方で、**リキッドとは「流動的な」という意味で用いられており、リキッド消費とは、モノは使い勝手の良さが大切であって、必要なときにすぐに使えること、また、不要になればすぐに手放せることなどを重視する消費のあり方です。ソリッド消費とは逆に、物質的なモノを所有することを重視しません。**なお、若い世代では、モノを所有することをあまり重視せず、何かを買うという行為は不要なモノを増やすだけだと考える方が多いようです[5]。特にミレニアル世代（19

80年前後から1995年頃にかけて生まれた人々）は、クルマに乗りたいのであって自動車を所有したいわけではない、新曲を聴きたいのであってCDが欲しいわけではない、と考えています[6]。そのため、モノに対する愛着やこだわりはあまりなく、利用できれば十分で、消費のあり方は自分が置かれている状況に応じて変わっていくものだ、という考え方です。このようなリキッド的な視点は、これまでのソリッド的な価値観に追加された新しい価値観として捉えるのが良さそうです[7]。

実際には、ソリッド・リキッドのどちらかの考え方だけでスッパリと割り切れるものではなく、**多くの消費者の心の中には、両者の考え方が並存し、どちらかの考え方がやや強い場合が多いようです**。以上の内容をまとめたのが図表5－2です[8]。ソリッド消費の具体的な消費のあり方は、モノを所有するというオーナーシップの考え方が中心であり、モノに愛着を持ちながら自分のアイデンティティとして所有するため、安定した生活ができる。その一方で、モノが生活や消費の中心にあるため、それが重荷になるという否定的な視点もあります。

一方で、**リキッド消費では、アクセスのしやすさや、シェアリング・サービスなどの利用意向が強くなる傾向にあります**。モノとの関係性が短期的であるため、モノを通じた自己表現はせず（むしろ避ける）、使うことや体験に価値を置いています。一方で、移り気であいまいであるという、否定的な視点もあります。

5　Tzuo & Weisert（2018）前掲書。
6　Tzuo & Weisert（2018）前掲書。
7　久保田進彦（2020）「消費環境の変化とリキッド消費の広がり：デジタル社会におけるブランド戦略にむけた基盤的検討」『マーケティングジャーナル』39(3), 52-66。
8　Bardhi, F. & G.M. Eckhardt（2017）Liquid Consumption, *Journal of Consumer Research*, 44(3), 582-597.

図表5-2　ソリッド消費とリキッド消費の比較

	ソリッド	リキッド
定義	消費とは、モノを永続的に所有することである。	消費とは、一時的で、アクセスしやすい（access based）関係で、モノの所有を求めない（非物欲化）。
製品レベル		
消費者の価値	モノの属性としてのサイズ、重さ、安全性、モノに対するアタッチメント（愛着）とコミットメントに価値がある。	柔軟性、適応性、流動性、機動性、軽さ、離れやすさ、速さなどに価値がある。
愛着の質	長期的な保有に伴う、アタッチメント（愛着）とロイヤルティ；モノと自己との関係性を通じた強いアタッチメントである。	流動的な所有としてのアタッチメント（愛着）であり、ロイヤルティは欠如している；しかし、アクセスしやすさが提供される製品であれば、アタッチメント（愛着）やロイヤルティは高まる。
ベネフィット	「アイデンティティ」と「モノとつながる／帯びる／身に着ける」ことが非常に重要だと考えている。	使用価値が非常に重要だと考えている。
所有のレベル	モノの所有とオーナーシップ：モノをより多く所有することが重視される。	アクセスしやすさ、無形のモノ：より少ない所有の方がより良いとされる。
意味	消費とは、どのような文脈においても安定した意味を持つ。	消費とは、文脈ごとに多様な意味を持つ。
具体的な消費レベル		
消費者の価値	オーナーシップと所有が価値の中心である。	アクセスしやすさ、シェア、借りることが価値の中心である。
安定性	どのような文脈でも安定している。	文脈によって多様である。
一時性	消費者関与（例えば、ロイヤルティ、熱狂、コミットメントなど）と関係性（リレーションシップ）による永続性である。	一時的な消費者関与と関係性（リレーションシップ）である。
ベネフィット	消費者は、モノを通じたアイデンティティとそのモノとのつながりを大切にする。	消費者は、オンライン上の取引（marketplace）における感情的なつながり（エンゲージメント）や自己表現を避ける（しかし、これは市場への抵抗や阻害をしたいわけではない）。
愛着の質	消費のモノに対する（自己の拡張などの）アタッチメント（愛着）の側面が強調される。	使用や経験、つながり（networks）の側面が強調される。
否定的な視点	重荷となる	移り気（優柔不断）／あいまい性（不誠実）

出典：Bardhi and Eckhardt（2017）より翻訳して引用。

このリキッド消費の中に、「アクセスのしやすさ」というキーワードが出てきますが、この点がアクセスベース消費とも関連してきます。アクセスベース消費とは、消費者が（必要とする）モノに一時的にアクセスし、そこで提供されているサービスを通じてモノを利用しますが、その所有権の移転は行われません[9]。例えば、自動車や自転車のシェアリング・サービスを利用するために、オンライン・プラットフォームに消費者が積極的に参加します。こうしたプラットフォームの特徴として、交わされるやりとりが、場合によっては一時的で終わることや、中には匿名で利用できることなどがあります。また、関心の程度によって関わり方も異なるため、多様な消費の仕方（モード）があります。つまり、従来のレンタルやリースといった企業からの一方的な貸し付けにとどまらない、今の時代に対応した消費のあり方になります。つまり、**アクセスベース消費とは、アクセスしやすいプラットフォームとつながり、そこで匿名性を維持しながら必要なときに必要なモノを借りて、シェアして使う消費のあり方です**。そのため、このアクセスベース消費は、衣類、工具、車、ハンドバッグ、ゴルフクラブ、自転車、宿泊施設など、多くのカテゴリーで適用できるといわれています[10]。アクセスベース消費は、これまで個人が所有していたモノ、特に利用頻度が低いモノを複数の消費者間で共有することで、利用頻度や量を最大化できるため、環境への配慮も可能となる点で、企業側にもメリットがあります[11]。

9　Bardhi, F. & G.M. Eckhardt (2012) Access-Based Consumption: The Case of Car Sharing, *Journal of Consumer Research*, 39(4), 881-898.
Lawson, S.J., M.R. Gleim, R. Perren & J. Hwang (2016) Freedom from Ownership: An Exploration of Access-Based Consumption, *Journal of Business Research*, 69(8), 2615-2623.
10　Lawson *et al.* (2016) 前掲書。

ここで、本章で主に取り上げてきた、モノに対する考え方や、所有意欲と消費に関する研究の中で、本書に関係のありそうな研究をいくつか紹介しておきます。

まず、物質主義（物欲）とシェアリング・サービスの利用との関係について、アクバーらが2016年に調べた結果、シェアリング・サービスの利用意向と物質主義は「反比例」することが明らかになりました。[12] つまり、シェアリング・サービスを利用したい人はモノの所有欲が小さいという結果です。しかし、ユニークな消費や商品を使ってみたいと思う場合は、物質主義（物欲）はシェアリング・サービスの利用意向にもプラスに働きます（ただし、使いたいだけで、所有したいわけではありません）。また、「ヘドニズム」（楽しさ、ワクワクすること）や、「イノベーティブネス」（新しいもの、違った物を試したいといった気持ち）の高まりがあると、シェアリング・サービスの利用意向もプラスに影響するそうです。これらの傾向は第4章で紹介した、シェアリング・サービス利用者のモノに対する消費意欲は強いものの、決して所有したいわけではなく、シンプルな生活を心がけている様子とも一致しています。また、モノを所有することは負担がかかりますが、[13] ピータース（2013）によれば、「モノを持っていると幸せ」、「モノは成功の証と思っている」ような人は、年数とともに孤独を感じるようになるが、「モノを獲得することが楽しい」と感じている人は、孤独を感じないそうです。[14] 面白い結果だと思いませんか。

なお、これまでアカデミックな分野でシェアリングの議論が進まなかったのは、ギフトや商品

11 Lawson *et al.* (2016) 前掲書。
12 Akbar *et al.* (2016) 前掲書。
13 Belk, R. (2007) Why Not Share Rather Than Own?, *The Annals of the American Academy of Political and Social Science*, 611(1), 126-140.

の交換にシェアリングの要素が含まれて（埋もれて）いたことや、定義があいまいだったために、自宅内でのモノや財産の共有にとどまる議論が多かったことが理由のようです。[15] しかし、現在は、インターネットやSNSなどを通じて、旅行のちょっとした情報（Tips）やレシピ、天気予報、おすすめのレストラン情報などあらゆるものが共有される時代です。このインターネットの普及によって、カーシェアリングを代表とする「共同消費」（コラボレーション消費）が容易になり、シェアリング・エコノミーが普及するようになってきました。[16] ただし、こういったシェアリング・サービスの浸透には、モノに対する愛着の程度、所有物を自身でのみ使いたいという意識、モノを通じた自己表現の拡張意識などが阻害要因となります。[17]

さて、シェアリング・エコノミーという用語がここまでの内容に何度か登場しましたが、これは社会や経済全体の1つの形として把握されます。リキッド消費やソリッド消費も、社会学的な背景をもとに考えられてきた消費に対する考え方や価値観ですので、シェアリング・エコノミーの中に位置づけられると考えます。さらに、アクセスベース消費は、オンライン・プラットフォームを中心とした「具体的な消費のモード（仕方）」に焦点を当てたものです。そこで本書では、この3つの視点を、図表5－3のような構造で捉えています。シェアリング・エコノミーは消費に影響を与える環境要因であり、消費全体の傾向

14 Pieters, R. (2013) Bidirectional Dynamics of Materialism and Loneliness: Not Just a Vicious Cycle, *Journal of Consumer Research*, 40(4), 615-631.

15 Belk, R. (2010) Sharing, *Journal of Consumer Research*, 36(5), 715-734.

16 Belk, R. (2014) You Are What You Can Access: Sharing and Collaborative Consumption Online, *Journal of Business Research*, 67(8), 1595-1600.

17 Belk, R. (2007) Why Not Share Rather Than Own?, *The Annals of the American Academy of Political and Social Science*, 611(1), 126-140.
Belk (2010) 前掲書。

であるソリッド消費やリキッド消費という価値観に影響を及ぼすものとして捉えられ、具体的な消費のあり方としてのアクセスベース消費はサブスクやシェアリング・サービスという形に立ち現れていると位置づけておきます。

3 価値観による5つの消費者タイプの分類

第1章でも紹介したように、サブスクやシェアリング・サービスの浸透に影響する要因として、新型コロナウイルスの影響によるライフスタイルの変化を中心とした社会的な要因、デジタルツールやコミュニケーションの発展、環境への配慮や他者のことを思いながら消費する傾向、政治や制度的な動きなどの環境変化などがあります。さらに、先ほどのリキッド消費やアクセスベース消費などのような、モノの所有と関連する「モノに対する愛着」、「モノの豊かさ」、逆に所有しない「シェアリング・サービスだけでシンプルに生きる」、それに伴って、買わないことによる「支出やお金の管理意識」、逆に選択肢が多い時代であるために「色々と選びたい、でもたくさんの中から選ぶのは面倒」などの様々

図表5-3 「持たない時代」の消費に関する概念間の位置づけ

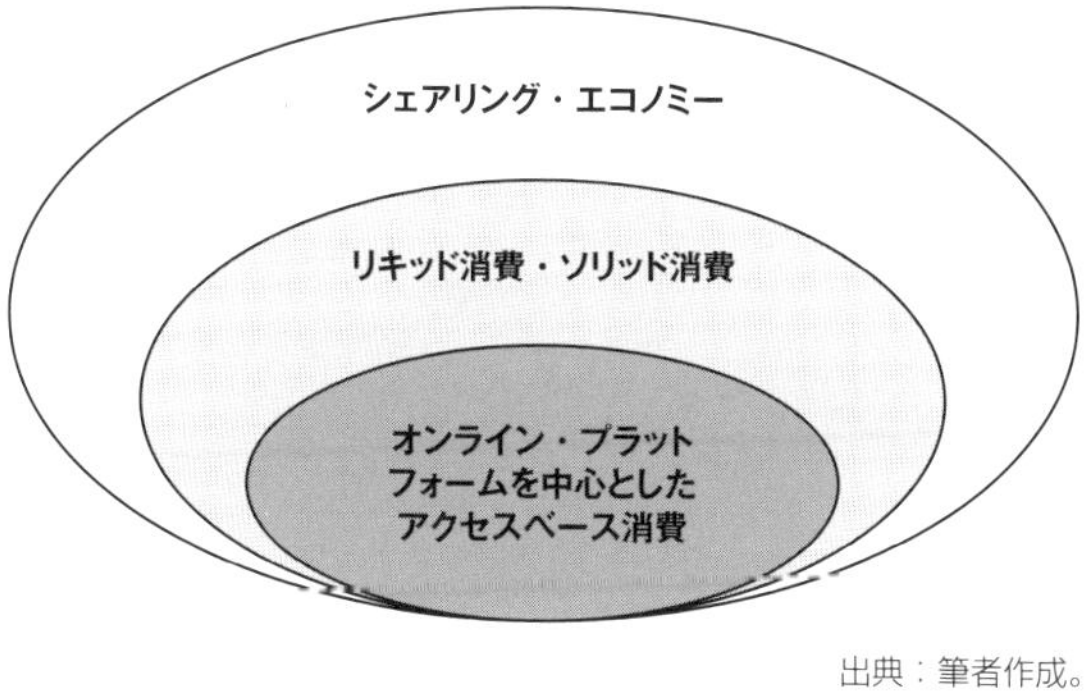

出典：筆者作成。

な価値観が消費者の行動に影響を及ぼしている状況にあると考えます。そこで本節では、これらの価値観を用いて、多面的な消費者理解を行っていきます。

アクセスベース消費に関するこれまでの論文を色々と調べてきた中で、上記のような価値観を測定する質問項目を多く集め、第3章・第4章で紹介した結果と同じインターネットによる質問票調査で測定してきました。具体的な引用文献と質問項目、分析結果は資料③にて示します。

この調査では、一般男女だけでなく、サブスクとシェアリング・サービス利用者を事前に抽出し、多くの回答者を集めていますので、サブスクとシェアリング・サービス利用者の回答率を小さくするために重み付け（ウエイト付け）を行った上で、似たような価値観を1つの因子（潜在的な心理要素）としてまとめる因子分析を行いました。すべての回答者

図表5-4　「持たない時代」の消費者価値観と5つの消費者タイプ

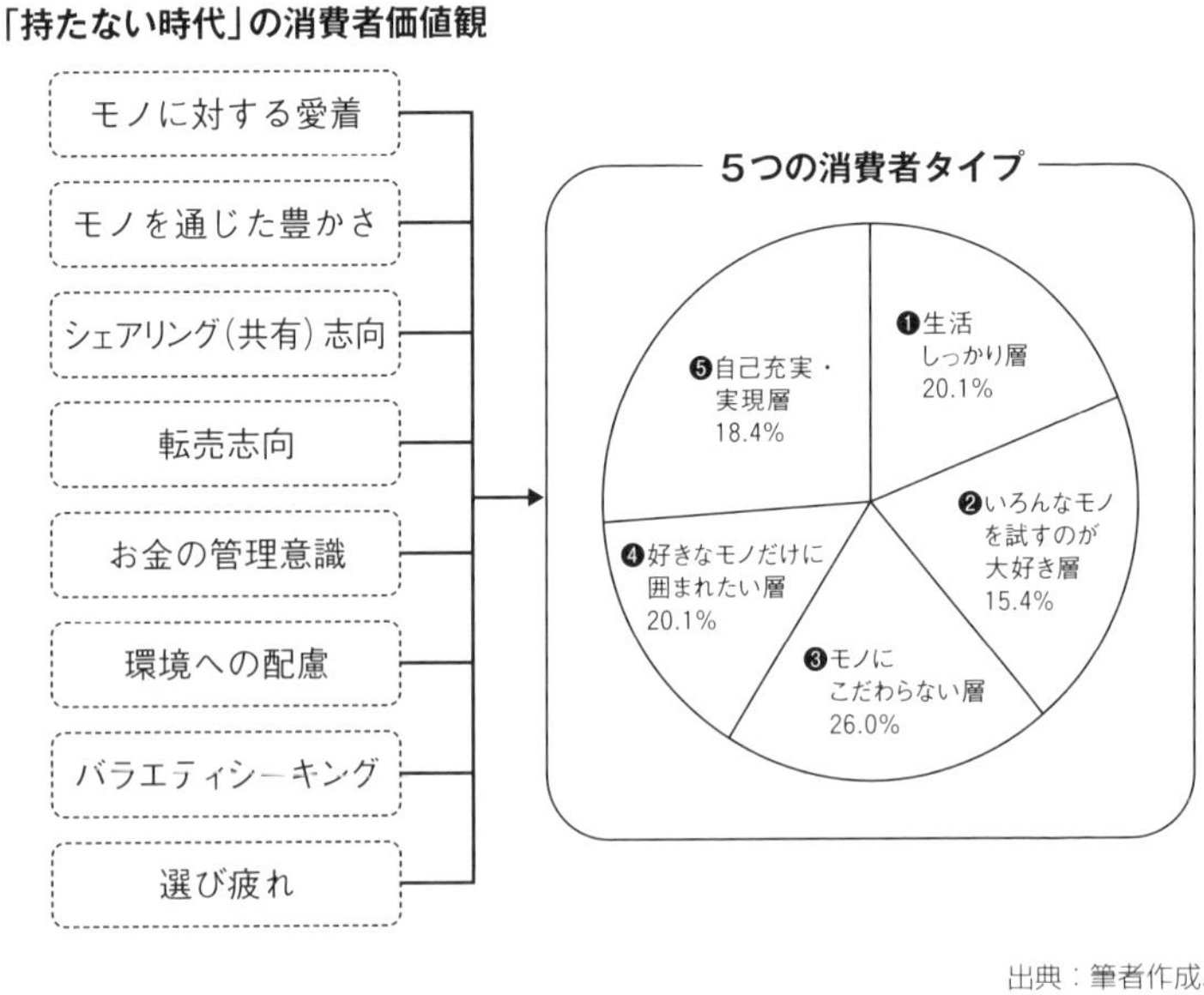

出典：筆者作成。

の価値観にあまりあてはまらない質問項目は除外して、本当に必要な（重要な）質問項目だけを選び出し、よりシンプルな構造で消費者の価値観を理解するためのステップを取りました。その後、この回答パターンを利用して、価値観に対する反応の違いをもとにタイプ分類（クラスター分析）を実施しました。分類方法については執筆メンバーで検討の上、本書では5つのタイプに分類した結果を掲載しています（図表5－4）。図表5－5では、右に向いたグラフが長いほど価値観に対してプラス（そう思う）の傾向を、左に向いたグラフが長いほど価値観に対してマイナス（そう思わない）の傾向を示しています。

次にこの5つの消費者タイプについて紹介していきます。

1つ目のタイプは、環境に配慮し、不必要な出費を抑え、自分が選んだ好きなモノだけで生活したい「**❶生活しっかり層**」（20・1％）です。2つ目のタイプは、環境はまったく気にせず、色々なモノに興味があるので、自分がいいなと思うモノを試してみる一方で、選び疲れも感じている「**❷いろんなモノを試すのが大好き層**」（15・

図表5-5　消費者タイプ別の価値観に対する反応

4%)です。3つ目のタイプは、モノに対する愛着やこだわりはなく、所有にこだわらないものはシェアリング・サービスを利用したり、不要なものは転売したりする「**❸モノにこだわらない層**」(26・0%)です。4つ目のタイプは、反対にモノに対する愛着がとても強く、好きなモノを選ぶ事に喜びを感じており、シェアリングは不要だと思っている「**❹好きなモノだけに囲まれたい層**」(20・1%)です。最後のタイプは、シェアリングや環境への配慮の意識が強く、必要なモノを取捨選択しながら、自分にとって大切なモノを通じて自己充実や自己実現を目指す「**❺自己充実・実現層**」(18・4%)です。

この5つのタイプでは、「❸モノにこだわらない層」の割合がやや多めですが、他の層も均等に存在していることがわかりました。

サブスクの利用状況については、「❷いろんなモノを試すのが大好き層」(46・2%)と「❺自己充実・実現層」(39・0%)で、特によく利用されています(図表5-6)。具体的なサブスクの利用ジャンルは図表5-7で示すように、「音楽、映画」が最も多く、次いで「書籍、雑誌」ですが、モノのサブスクをつぶさに確認した場合、「❺自己充実・実現層」

図表5-6　5つの消費者タイプ別のサブスクとシェアリング・サービス利用状況

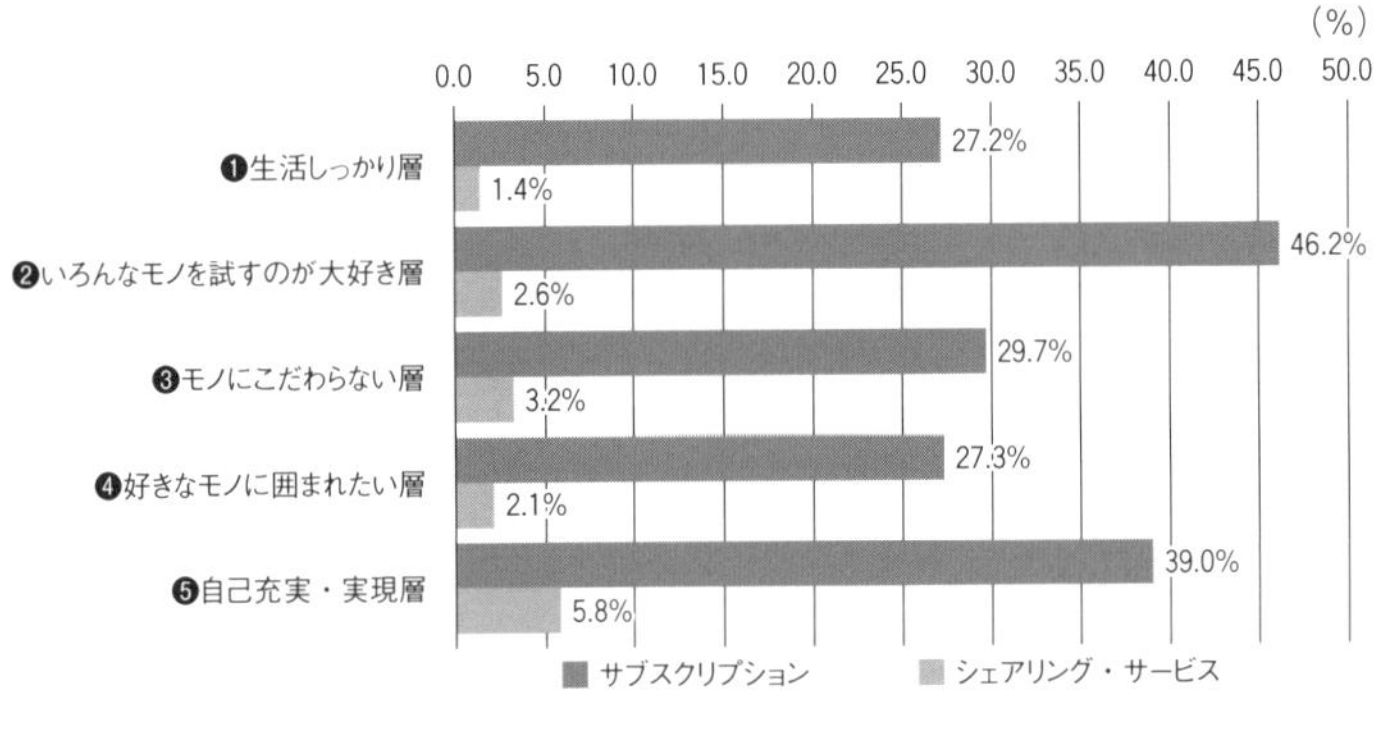

の自動車、フォーマルファッション、ドレス・着物、カジュアルファッション、時計・バッグなどのファッション小物などの利用率が高い傾向にあります。また、「❸モノにこだわらない層」においても、自動車やフォーマルファッション、スポーツ用品・キャンプ用品などを中心に、様々なサブスクが利用されていることがわかります。

第3章で示した、「サブスクを実際に利用しているときの気持ち」についても確認してみました（図表5－8は、図表3－3、47頁の潜在因子の区分で示しています）。5段階評価の「5．とてもそう思う」から「1．まったくそう思わない」の回答率のうち、「5．とてもそう思う」と「4．ややそう思う」の回答率の合計を確認したところ、ライフスタイル充足に関する項目は、「❷いろんなモノを試すのが大好き層」と「❺自己充実・実現層」で、全体的に高い傾向にありました。

図表5-7　5つの消費者タイプ別の具体的なサブスク利用体験

		5つの消費者タイプ				
	サブスク利用経験（%）	❶生活しっかり層	❷いろんなモノを試すのが大好き層	❸モノにこだわらない層	❹好きなモノだけに囲まれたい層	❺自己充実・実現層
3章 図表3-3 知覚マップ	全体（N=847s）	141	182	198	141	184
右上 第1象限	音楽、映画	74.6	82.7	66.1	80.0	71.6
	雑誌、書籍	28.4	37.1	23.4	35.1	34.4
右上 第2象限	自動車	6.9	6.9	13.4	5.5	16.0
	旅行、宿泊、ホテル	3.1	4.0	8.0	3.9	11.6
左下 第3象限	フォーマルファッション	3.2	6.2	10.4	4.0	13.3
	スポーツ用品、キャンプ用品	5.1	5.7	9.6	3.9	9.5
	ドレス、着物	6.9	3.8	7.7	5.9	13.6
右下 第4象限	メガネ	0.2	0.7	3.7	0.3	5.3
	化粧品	2.1	1.4	4.3	2.9	9.0
	花、インテリア	3.3	1.1	4.6	1.6	8.2
	飲料、食料品	4.6	5.2	9.3	3.5	11.8
	嗜好品（ビール、コーヒー、タバコなど）	1.5	2.7	5.6	2.8	8.2
原点付近	カジュアルファッション	2.2	3.0	8.2	0.9	12.1
	時計、バッグなどのファッション小物	2.1	2.7	7.3	1.8	13.8
	家具	0.9	1.8	7.1	1.4	8.8
	白物家電（冷蔵庫、洗濯機など）	1.3	1.6	7.8	2.2	9.0
	テレビ、オーディオなどの家電	3.4	1.4	7.9	1.6	8.9
	パソコン	2.1	5.4	8.8	2.8	12.2

特にサブスク利用率が高い「❷いろんなモノを試すのが大好き層」では、「色々なモノを試すことができるので嬉しい」（79・8％）に次いで、「その商品・ジャンルに対する関心が高まった」（52・2％）や、「次々に新しいものを使用したい」（49・6％）、「QOL（生活の質）が上がっている」（48・5％）などの気持ちが感じられます。どの消費者タイプも、「所有することの煩わしさから解放される」、「捨てる罪悪感から解放される」などの所有からの解放を感じつつも、ネガティブな要素の「定額料金の元が取りたい」、「定額なので使い続けていないと焦

図表5-8　5つの消費者タイプ別の「サブスクを実際に利用しているときの気持ち」

	サブスクを実際に利用しているときの気持ち（とてもそう思う＋ややそう思う）（%）	5つの消費者タイプ ❶生活しっかり層	❷いろんなモノを試すのが大好き層	❸モノにこだわらない層	❹好きなモノだけに囲まれたい層	❺自己充実・実現層
	全体（N=847s）	141	182	198	141	184
ライフスタイル充足	色々なモノを試すことができるので嬉しい	64.3	79.8	38.5	59.1	75.0
ライフスタイル充足	その商品・ジャンルに対する関心が高まった	40.9	52.2	24.7	35.2	55.6
ライフスタイル充足	本当に価値のあると思えるモノに巡り会えた	25.8	32.0	18.0	21.4	43.9
ライフスタイル充足	QOL（生活の質）が上がっている	40.1	48.5	26.5	30.8	52.3
ライフスタイル充足	コストパフォーマンスの高い生活ができている	33.6	43.3	23.9	36.5	57.2
ライフスタイル充足	理想のライフスタイルに近づいている	24.5	33.1	22.8	23.1	44.5
ライフスタイル充足	広く浅く見識が広まっている	35.4	46.8	26.0	30.6	55.2
ライフスタイル充足	次々に新しいものを使用したい	29.4	49.6	24.4	29.8	51.0
ライフスタイル充足	色々なモノを生活に取り入れてみたくなった	26.5	38.1	18.6	24.1	54.6
ライフスタイル充足	自分の趣味・嗜好を分かってくれていると実感できる	25.7	33.8	18.0	25.0	52.4
ライフスタイル充足	自分で買っても良いと思えるものがあった	31.5	47.7	24.0	40.3	51.4
ライフスタイル充足	様々なジャンルに精通している気がする	21.5	30.9	21.7	22.3	37.0
ライフスタイル充足	お金の節約になっている	36.5	43.8	32.9	42.8	51.8
サブスク不満	人気のないモノしか提供されていないことが不満	15.6	20.8	12.8	15.2	30.5
サブスク不満	他の人が利用していると、使いたいモノが入手できず、不満	12.4	14.3	14.9	8.9	27.7
サブスク不満	サービス提供者に返送・返却するのが面倒	31.9	30.8	25.9	24.6	42.4
サブスク不満	モノやコンテンツにじっくり向き合っていない感じがする	12.3	12.1	14.3	17.5	24.2
サブスク不満	使っていることの恥ずかしさを感じる	1.7	1.8	11.3	4.1	15.1
サブスク不満	利用しているモノやコンテンツを企業から監視されている気がする	25.2	19.4	16.8	27.8	33.4
サブスク不満	定額なので使い続けていないと焦る	37.6	36.9	21.7	18.8	46.1
他者とのつながり	他の利用者とのつながりを意識するようになった	3.9	3.8	12.0	5.6	21.4
他者とのつながり	企業や社会とのゆるやかなつながりを感じる	11.1	11.5	14.9	9.7	30.1
他者とのつながり	流行に乗り遅れたくない	7.5	16.0	12.2	8.3	29.5
他者とのつながり	他人の好みを知ることができるので嬉しい	13.7	15.0	18.0	10.6	33.3
他者とのつながり	流行の最先端にいる	15.6	18.4	16.0	13.4	34.5
他者とのつながり	定額料金の元が取りたい	59.3	67.7	39.9	49.7	63.8
他者とのつながり	モノに対する目利きが養われた	10.0	13.3	14.9	15.8	33.4
所有からの解放	捨てる罪悪感から解放される	39.6	26.8	19.6	28.1	49.3
所有からの解放	次々に買い換える罪悪感から解放される	30.5	21.9	18.3	18.5	47.2
所有からの解放	所有することの煩わしさから解放される	40.8	46.5	26.5	37.1	55.3
所有からの解放	環境保全に役立っていると感じる	28.3	16.1	15.7	18.9	45.3

る」、「サービス提供者に返送・返却するのが面倒」なども共通して感じているようです。つまり、消費者タイプに関わらず、このネガティブな要因を利用者に感じさせない工夫が、サービスを提供する企業に求められるということです。

シェアリング・サービスについては、「❺自己充実・実現層」(5・8%)でよく利用されている様子がうかがえます。シェアリング・サービスを消費者タイプ別でも確認しようと思いましたが、いずれの消費者タイプも、ウエイトバック後のサンプル数が少なかったため、統計的な理由から、本書では紹介を控えます。ただし、シェアリング・サービスを利用しているときの気持ちには、各消費者タイプの価値観がかなり強く表れていましたので、次の第6章のペルソナで理解していただくことにします。

シェアリング・サービスで貸し出す側の経験も、「❺自己充実・実現層」で5・8%とやや多くなっています。

参考までに、メルカリなどのオンライン個人間売買は、「❶生活しっかり層」(39・8%)、「❷いろんなモノを試すのが大好き層」(51・7%)、「❺自己充実・実現層」(44・5%)などで利用率が高い傾向にあります。出品経験は「❷いろんなモノを試すのが大好き層」(46・1%)や「❺自己充実・実現層」(47・3%)で多い傾向です。これらの傾向から、サブスク、シェアリング・サービス、オンライン個人間売買は併用されている様子がわかります。

この5つの消費者タイプの特徴やプロフィールをより明確にするために、生活者インタビューを行いました。次の第6章では、その実態をふまえて作成したペルソナを紹介していきます。

第5章のポイント

- 消費者がなぜサブスクやシェアリング・サービスを利用するのかを知るためには、価値観を知ることが大切である。
- 近年は、モノに愛着やこだわりを持たない「リキッド消費」と呼ばれるタイプの消費が若い世代を中心に伸びている。特に、必要なときに、必要なモノに必要な量（や時間）だけ使う、「アクセスベース消費」がサブスクやシェアリング・サービスとの関係が強い消費の仕方である。
- 消費者の様々な価値観を測定して、5つの異なる特徴を持つ消費者タイプに分類した。

第6章

特徴的な人々（ペルソナ）

この第6章では、第5章で分類した消費者タイプごとに、複数の人へインタビューを行った内容をもとに、ペルソナを作成しました。

第1章でも説明しましたが、サブスクを展開する場合、顧客ファースト（顧客志向）が重要になります。それを実現するためには、消費者のタイプを単にセグメントとして捉えるだけではなく、より詳しい顧客像を描くことで、企業がどのような顧客体験を提供すれば、消費者がより豊かな生活を設計できるのか、という点をイメージすることが必要になります。そのため、ペルソナを描く際には、生活実態（ライフスタイル）や行動、その行動を取る理由を把握すること、過去の経験から作り上げられてきた背景や現状に加えて、希望や目標、それをかなえるためにどのような努力をしているのか、などを生活者の意識とともに喜怒哀楽も含めて記述していく必要があります。[1]

ここで紹介するペルソナたちは、インタビューで聞かれた特徴を含めながら、個人が特定できない形で表現しています。特徴をイメージしやすいように、イラストを添えてみました。併せて、消費者タイプごとのTポイント購買履歴も分析しました。それぞれの消費者タイプの人々が、実際に読んでいる雑誌や購入している飲料・食品などを通じて、理解を深めていただきたいと思います。

1　高井紳二編（2014）『実践ペルソナ・マーケティング：製品・サービス開発の新しい常識』日本経済新聞出版。

❶ 生活しっかり層

好む商品（Tポイント購買履歴より[2]）

●アルコール

・サッポロ キレートレモンサワー 缶350ml
・JINRO チャミスル マスカット 360ml
・サントリー オールド 瓶700ml

●デザート・ヨーグルト

・マルハニチロ フルティシエちょっと贅沢白桃
・ブルボン くだもの習慣マンゴー
・明治 スキンケアヨーグルト 素肌のミカタ

●雑誌

・ku:nel
・Precious
・OZ Magazine

2　Tカードに紐づけられた各クラスターの購買情報から、当該クラスターに特徴的な購入商品をピックアップしています。具体的には、T会員全体の購入率に対するクラスターの購入率の比率が特徴的に高い商品を数種類掲載しています。

サブスク、シェアリング・サービスとの付き合い方

サブスク	シェアリング・サービス
★	★

※ ★の数で可能性の高さをしめす

notes

自分が愛着のあるものを大切に所有したいと思い、またモノを汚したり、傷つけたりしてしまうことに罪悪感を感じやすいため、他人とシェアすることに抵抗感があります。

ただし、節約志向が高い層でもあるため、「良いもの」を安く、日々の生活に負担のかからない形で入手することができ、他人とシェアしない形のサービスであればターゲット層になるでしょう。

❶ 生活しっかり層のペルソナ
〈環境に配慮し、不必要な出費を抑え、自分が選んだ好きなモノだけで生活したい〉

26歳女性、都内で一人暮らし。実家は長野県で大学入学時に親元を離れて、都内に出てきました。大学入学以来、1Kの学生向けアパートに住んでいましたが、最近、吉祥寺近くのマンションに引っ越しました。以前よりは少しだけ部屋が広くなったので、新しいソファを探しています。雑貨屋さんや家具屋さんに行ったりしていますが、なかなか気に入るのが見つからないので、ちょっと疲れてきました（笑）。家具選びって難しいですね。

平日朝は『暮しの手帖』を読みながら、朝ご飯を食べます。『暮しの手帖』は日々の暮らしを豊かにするための知恵や情報が詰まっていて、とても読み応えのある雑誌で気に入っています。朝ご飯を食べ、身支度を整えて、毎日決まった時間に家を出ます。医療事務として働いており、残業はあまりなく、基本的には決まった時間に帰宅します。

家にテレビは置いていません。タブレットで動画は観ますが、夜ご飯の間だけ「ネットフリックス」で1話ずつドラマを観ることにしています。1話ずつと決めておかないと、ダラダラと観てしまいそうなので、マイルールをつくっています。ちなみに、今日の夜ご飯は豆腐ハンバーグと野菜炒めです。最近、ヴィーガン[3]の食生活が気になっていて、ちょうど1ヶ月の食費も決めて

3　ヴィーガンとは、肉や魚に加え、卵・乳製品、蜂蜜などを食べず、またシルク、ウール、革などの動物性の素材も身につけない人たちのことです。

いる上限を超えそうだったので、ヴィーガン的夜ご飯にしてみました。1ヶ月のうち1週間だけヴィーガン食生活というような形なら無理なく続けられそうだなと思いました。

明日は久しぶりに友人と吉祥寺でランチをしようと約束をしています。普段はSNSでやりとりをしていますが、やっぱり直接会って話ができることは嬉しいですね。明日お出かけするための服は、今晩のうちに決めておこうと思います。お気に入りのシフォンのワンピースに、ブラウンのパンプス、母から就職祝いに買ってもらったネックレスというコーディネートにしました。このネックレスは飽きのこないデザインでとても気に入っています。これからも長く大切に使っていきたいと思っている宝物です。明日の準備も完了し、夜のストレッチも十分にできました。枕元のアロマもセットできたので、今日はそろそろ眠ろうと思います。

こうやって毎日を丁寧に、身の丈に合った幸せを大切に過ごしていきたいと思います。

❷ いろんなモノを試すのが大好き層

好む商品（Tポイント購買履歴より）

●**アルコール**

・スミノフ スミノフアイス グリーンアップルバイト
・サッポロビール ヱビス 吟醸 500ml
・キリン 氷結ストロング 鹿児島産辺塚だいだい 缶500ml

●**デザート・ヨーグルト**

・オハヨー乳業 ぜいたく果実 まるごとブルーベリー&ヨーグルト 125g
・森永乳業 アロエ&ヨーグルトマンゴー 果肉プラス 140g
・メイトー協同乳業 ドール 鉄分コラーゲンマンゴー 125g

●**雑誌**

・TokaiWalker
・dancyu
・SPUR

サブスク、シェアリング・サービスとの付き合い方

サブスク	シェアリング・サービス
★★★	★★

※ ★の数で可能性の高さをしめす

notes

とにかく色々なものを試すことが好きで思い立ったら即行動。定期的に色々なタイプの商品を利用できるサブスクには興味津々です。ただし、モノへの執着はあまり強くないことから、サービスに見切りをつけることも早いと考えられます。

また他人とモノを共有することに抵抗はありませんが、シェアリング・サービスでの個人間のやりとりは面倒だと感じ、やや利用意向は下がる傾向がみられます。

❷ いろんなモノを試すのが大好き層のペルソナ

〈サブスクにまみれた、そんな私が心地よい〉

28歳女性、兵庫県神戸市でパートナーと犬3匹と暮らしている。仕事はWebページのデザイナーで、専門学校を出てから8年ほど働いている。職業柄もあって洋服やアート系の本や雑誌をたくさん買ってしまう。クローゼットの収納も限界にきたので、収納が広い戸建ての賃貸住宅に2年ほど前から住んでいる。飽きっぽいので、気に入ったモノに出会っては買い、飽きたら処分することを繰り返している。もちろん近年の世界的な環境意識の高まりに逆行していることは理解している。会社で環境問題を考えるセミナーも受けさせられたが、取り組む意義は感じるものの個人では限界があるし、社会が変わるのが先なんじゃないか、というのが正直な感想だ。自分の好きなものは気兼ねなく買って利用したい。

もともと私もパートナーもインドア派だが、去年1年間はコロナ禍の影響もあってインドア趣味の充実に拍車がかかった。ウォーキング・デッドシリーズ[4]が大好きで、いつでも観られるように「アマゾン・プライム」を契約しているのを皮切りに、それぞれの独自コンテンツを観るために「フールー」(hulu)と「ユーネクスト」(U-NEXT)も契約している。そうそう、自粛下での新しい遊びとして、友人とオンライン通話をつなぎ、リアルタイムで同じ映画を観ながら感想を言

4　全100話以上の長編ドラマ。

い合うということを始めた。ちょうど友人にすすめられて「アベマ」（ABEMA）も契約して、ウイスキーのソーダ割りを飲みながら独自コンテンツを一緒に視聴しているが、なかなかに楽しい。また、デザインの作業中には音楽も欠かせない。「アマゾン・ミュージック」で聴いていたが最近「アップル・ウォッチ」を購入したため、「アップル・ミュージック」も契約し、自分でもサブスクまみれになってきたと思う。

すべての娯楽がソファの上からボタン1つで次々にアクセスできるようになった。動かない上にお酒と一緒に食べるチョコやスナックも止まらない。どんどん快適になる家の中と比例するかのように、体重も少し増えてしまった…。「サブスクがどんどん私をダメにする」なんて思いながら、インドア派な私たちがこんな快適な環境を手放すことなんて考えられない。今の自分が楽しければ、それでいい。

♬ピンポーン♪

先週契約した香水のサブスクが届いたようだ。お店に行かなくても香水を自宅で試せるのでとても良い。仕事中だったが早速試してみた。3つ届いたうち、柑橘の香りが気に入ったので少し大きいものを購入してみよう。「アマゾン」のカートに該当商品を入れて、自宅に届けてくれる日を楽しみにしながら仕事に戻る。

❸ モノにこだわらない層

好む商品（Tポイント購買履歴より）

●アルコール
- 宝酒造 宝焼酎の烏龍割り 缶335ml
- 清洲桜醸造 清洲城信長鬼ころし ミニパック180ml
- いいちこ 下町のハイボール GOLDEN BREND 50ml

●デザート・ヨーグルト
- ヤスダ ヤスダヨーグルト150g
- オハヨー乳業 ぜいたく果実ブルーベリー のむヨーグルト190g
- マンナンライフ ララクラッシュオレンジ味 24g×8

●雑誌
- auto sport
- 週刊プロレス
- ビッグコミック

サブスク、シェアリング・サービスとの付き合い方

サブスク	シェアリング・サービス
★	★★

※ ★の数で可能性の高さをしめす

notes

新しいモノやサービスを試したり、色々なものを使ってみたりするという消費意欲が低いため、使いたい放題であるサブスクを利用するモチベーションがあまり高くありません。

一方で、所有することにこだわりを持たず、他人とモノを共有することへの抵抗感も低いため、シェアリング・サービスは利用します。ただし、個人間取引などは面倒だと感じるため、企業が提供し、手間をかけずに簡単に利用できるサービスでなければなりません。

❸ モノにこだわらない層のペルソナ

〈モノへのこだわりはなく、日々淡々と過ごしたい〉

28歳男性、1年前に九州から引っ越してきて現在は千葉県柏市で一人暮らしをしている。特に愛着を持っているモノはなかったので、引越しの際に雑誌や漫画、洋服はメルカリで売却した。維持費のかかるバイクも同様に処分した。部屋はさっぱりしている。

ほとんど毎日都内へ通勤。好きでも嫌いでもない仕事は、定時で終わって18時には家につく。一生この仕事を続けるかは微妙だが、居心地は悪くないし、今のところ転職も自分の成長のための投資も特に考えていない。帰宅後は惰性で契約を続けている「ネットフリックス」でドラマを流し見するか、「楽天マガジン」で雑誌を流し読みするのが日課だ。

週末は彼女と御殿場へドライブの予定。都心にいる限り、車はいらないし、高い維持費を払うほど車に愛着もないが、車自体はまあまあ好きなので、ドライブや用事のときは近くのカーシェアステーションで借りている。家の近所に「タイムズカー」があるが、大衆車しかない。せっかくならセダンやSUVなどあんまり乗ったことのないタイプの車種がいいので、以前利用した「エニカ」のWebページをのぞいてみる。個人とシェアするタイプと法人から借りるタイプがある。個人間だと車のオーナーとのやりとりがあったり、直接会って鍵の受け渡しとか他人と会わなきゃいけないのが面倒だな…。そう思い、今回も法人から借りるタイプを選択。「エニカ」のステーションは家から20分ほど離れているし、多分「わ」ナンバーは免れない。「わ」ナンバーだと「借りている感」が出てちょっとダサいが、個人間シェアの手間を考えたら仕方ない。

さて、クーポンも出てきたのでこれで予約完了。ひと仕事終えたので再び「ネットフリックス」へ。おすすめされるままに、映画を観るともなく観て夜が更けていく…。今日も明日も、特に希望もやりたいこともなく、淡々と過ごしたい。

❹ 好きなモノだけに囲まれたい層

好む商品（Tポイント購買履歴より）

●アルコール

・キリン 一番搾り 生ビール 缶350ml×6缶×4
・サントリー ザ・プレミアム・モルツ 黒 缶500ml
・越後桜酒造 大吟醸 越後桜 720ml

●デザート・ヨーグルト

・モンテール小さな洋菓子店 北海道かぼちゃのプリン
・北海道乳業 Luxe レアチーズプリン 90g
・ダノン ダノンヨーグルト ラフランス香るフルーツミックス 75g×4

●雑誌

・YOUNG GUITAR
・レコード・コレクターズ
・syunkonカフェごはん レンジでもっと！ 絶品レシピ

サブスク、シェアリング・サービスとの付き合い方

サブスク	シェアリング・サービス
★	★

※ ★の数で可能性の高さをしめす

notes

「好きなモノ」に対するこだわりが強く、出費も惜しみません。自分の気に入ったものは、自分で所有したい願望が強いため、「所有しない」形態であるサブスクやシェアリング・サービスにあまり興味がありません。

ただし、音楽・映画配信サービスのように、自分の好きなジャンルで幅広く情報を得て、自分のお気に入りを見つけられるようなサービスであれば、優良顧客になってくれる可能性が高いでしょう。

❹ 好きなモノだけに囲まれたい層のペルソナ

〈定番のものが好きで、趣味にお金を惜しまない〉

35歳男性、妻、子ども2人（5歳男子、2歳女子）の4人家族で横浜市在住。趣味は音楽鑑賞。特にクラシック音楽が好きだ。仕事はIT関連でエンジニアとして働いている。新型コロナウイルスの流行による緊急事態宣言以来、テレワークが主となり、オフィスにはほとんど出勤していない。自宅でのテレワーク中は打ち合わせ時間以外、ひたすら1人でプログラムを書いたり、資料を作成したりしているので、BGMとして「アマゾン・ミュージック」で音楽を流し続けている。クラシックやアメリカンPOP、J-POPまで特にこだわりなく流しているが、良い気分転換にもなるなと思う。クラシック音楽はもともと詳しいけれど、J-POPのミュージシャンはあまり詳しくないので、「アマゾン・ミュージック」でTOP100などの曲をランダムに流し続けている中から、たまに良い曲に出会えると嬉しくなる。この前も「あいみょん」の曲が気に入ったのでCDを購入した。一方で、クラシック音楽は、サブスクでの音楽配信ではバリエーションが少ないなと思う。そもそも、クラシック音楽のCDはすぐに廃盤になるので、これだと思うものを見つけたらすぐに購入しておかないといけない。多少プレミアがついていたとしても、自分の好きなものなので惜しみなくお金をかけたい。

以前よりも音楽を聴く時間が増えているので、もっと良い音質で音楽が聴きたいと思っている。今日は仕事も早めに終えたので、この前からオンラインでチェックしておいたスピーカーを買ってしまおう。10万円するが、僕の趣味を充実させるためにはまったく問題ない。

同じくテレワークをしている妻が、子どもを保育園に迎えに行き、帰宅したので、そろそろ夕食の準備をしよう。今日は僕が料理当番だ。長男は僕の作るオムライスが大好きらしい。今日は金曜なので、少しだけ晩酌をしてもいいだろう。やはり一杯目は「キリン一番搾り」に限る。誰が何と言おうと、一番おいしい飲み物はビールだと思う。

夕食時、妻が近郊の温泉に行きたいと言い出した。やはり箱根温泉が良いだろうか。小さな子どもがいるので、部屋食、個室温泉付きの旅館を探そうか。少し値段が張ってしまうので、ホテル予約サイトでしっかり吟味しよう、ということになった。久しぶりの旅行、楽しみだ。

毎日、好きなものに囲まれて生きていけるって、本当に幸せだ。

❺ 自己充実・実現層

好む商品（Tポイント購買履歴より）

●アルコール

・ヤッホーブルーイング 水曜日のネコ 缶350ml
・サッポロビール 琥珀ヱビス プレミアムアンバー 缶350ml
・キリン ウイスキー 陸 500ml

●デザート・ヨーグルト

・明治 TANPACTヨーグルト バナナ 125g
・雪印メグミルク CHEESE MEETS SWEETS 濃厚チーズプリン 110g
・ダノン オイコス脂肪0 柑橘ミックス 113g

●雑誌

・ELLE JAPON
・日経マネー
・おとなの週末

サブスク、シェアリング・サービスとの付き合い方

サブスク	シェアリング・サービス
★★	★★★

※ ★の数で可能性の高さをしめす

notes

賢く、自分なりの判断基準を持ってサービスを選択することができる層です。そのため、何にでもすぐに飛びつくわけではありませんが、サービスを利用して満足すれば、エバンジェリスト（サービスの良さを啓蒙してくれる人）になってくれます。

他人とつながることに積極的で、シェア・マインドが非常に高いため、シェアリング・サービスを始めるにあたってのターゲット層となるでしょう。

❺ 自己充実・実現層のペルソナ　男性編

〈シェア・マインドが高く、将来の夢も持つが、コスト意識も高い現実派〉

45歳男性、妻、子ども2人（中1男子、小3女子）の4人暮らしで、都内在住。職場も都内でメーカーの営業職として働いている。一人静かに自然に身をゆだねるソロキャンプが趣味だ。

ここのところ非常に忙しかった。特に昨日は客先への訪問の後、事務所に戻り、終電近くまで残業をすることになってしまった。疲れ切った足取りで最寄り駅まで戻ってきたが、なんと、雨が降り出していた。本当に今日はついていない！と悲しい気持ちになったが、ふと、目の前の「アイカサ」スポットに気がついた。最近、よく駅で見かける傘レンタルだ。その場で早速「アイカサアプリ」をダウンロードし、基本情報や決済情報を登録するだけで簡単に借りることができた。良かった！

今朝は特に用事のない週末なので、遅めの朝昼兼用の食事を取ってのんびりしている。昨日利用した「アイカサ」のアプリを見たら、CO2削減への貢献量が表示されている。なるほど、こうやって傘をシェアリングで利用することで、無駄な傘の消費が減って、環境にも良いのか。少し嬉しい気持ちになった。

妻が買い物に行こうと言い出した。場所を聞いたらキャンプ用品のアウトレットもあるところだ。妻と子どもたちが買い物をしている間、時間もつぶせるし、買い物に付き合うか。近所のカーシェアで車を借りておこう。息子にどの車種が良いか聞いてみるとするか。

アウトレットでキャンプ用品を見たせいで、新しい冬用のシュラフ（寝袋）が欲しくなった。色々なメーカーのものが出ているが、寝心地、耐寒性、価格…比較要素が多くてかなり迷う。でもこの迷う時間も趣味のキャンプのためには惜しまない。クチコミは低い評価コメントからしっかりと読むことが私なりのポイントだ。車や洋服などに対しては、そこまでこだわりはないが、趣味のキャンプのものだけは別だ。そこまで高額なものに手を出すわけではなく、お小遣いの範囲で、良いものを安く、しっかり吟味して選ぶ。その選び抜かれた自慢の一品を所有すること、それ自体が喜びでもあるのだ。将来は「ジムニー」に乗って、全国各地のキャンプ場をめぐりたい。

熱心に調べていたら、あっという間に時間が経ってしまった。風呂でも入るか。子ども部屋をのぞくと娘はすでに眠っていた。本当にかわいい寝顔で癒やされる。誰に似たんだろう。平凡だが、やはり幸せだと思う。

❺自己充実・実現層のペルソナ　女性編
〈公私ともに自己実現欲求が高く、努力を惜しまない、シェア・マインドが高い〉

38歳女性、夫と息子（小2）との3人家族で、都内在住。趣味は海外旅行とサーフィン。サーフィンは夫との共通の趣味で、最近はたまにしか行けないけれど、以前は湘南や千葉へサーフィンをしに出かけたものだ。個人会計事務所で働いており、お客様の依頼を受けて税務申告書類の作成をしたり、相談を受けたりしている。新型コロナウイルスの流行以降、ワークスタイルも随分柔軟になった。週1〜2回、自宅から30分の職場に出勤するものの、週の半分以上はテレワーク。また1年前から副業も認められるようになったため、会計事務のスキルを活かすためにワークシェアサービスに登録している。

今日は、フレックス勤務で16時まで在宅ワークだった。業務を終了したら、息子とそのお友達をサッカー教室まで送らなければならない。自宅マンションのすぐそばにある、カーシェアスポットでいつもの車を予約し、息子に声をかける。

「早く準備しておきなさい！　ママ、車を取ってくるからね！」

夜、息子に宿題のことを相談される。「環境問題と自分たちにできることについて家族で話し合いましょう」という宿題らしい。子どものころから、環境問題について意識をすることはとて

郵便はがき

料金受取人払郵便

神田局
承認
7635

差出有効期間
2024年４月30
日まで

101-8796

511

(受取人)
東京都千代田区
神田神保町1－41

同文舘出版株式会社
愛読者係行

毎度ご愛読をいただき厚く御礼申し上げます。お客様より収集させていただいた個人情報は、出版企画の参考にさせていただきます。厳重に管理し、お客様の承諾を得た範囲を超えて使用いたしません。メールにて新刊案内ご希望の方は、Eメールをご記入のうえ、「メール配信希望」の「有」に○印を付けて下さい。

図書目録希望	有	無	メール配信希望	有	無

フリガナ お名前		性　別 男・女	年　齢 才
ご住所	〒 TEL　(　　　)　　　Eメール		
ご職業	1.会社員　2.団体職員　3.公務員　4.自営　5.自由業　6.教師　7.学生　8.主婦　9.その他(　　　)		
勤務先分類	1.建設　2.製造　3.小売　4.銀行・各種金融　5.証券　6.保険　7.不動産　8.運輸・倉庫　9.情報・通信　10.サービス　11.官公庁　12.農林水産　13.その他(　　　)		
職　種	1.労務　2.人事　3.庶務　4.秘書　5.経理　6.調査　7.企画　8.技術　9.生産管理　10.製造　11.宣伝　12.営業販売　13.その他(　　　)		

愛読者カード

書名

◆ お買上げいただいた日　　　　年　　　月　　　日頃
◆ お買上げいただいた書店名　（　　　　　　　　　　　）
◆ よく読まれる新聞・雑誌　（　　　　　　　　　　　）
◆ 本書をなにでお知りになりましたか。
1．新聞・雑誌の広告・書評で　（紙・誌名　　　　　　）
2．書店で見て　3．会社・学校のテキスト　4．人のすすめで
5．図書目録を見て　6．その他（　　　　　　　　　　）

◆ 本書に対するご意見

◆ ご感想

●内容	良い	普通	不満	その他（　　　　）
●価格	安い	普通	高い	その他（　　　　）
●装丁	良い	普通	悪い	その他（　　　　）

◆ どんなテーマの出版をご希望ですか

＜書籍のご注文について＞

直接小社にご注文の方はお電話にてお申し込みください。宅急便の代金着払いにて発送いたします。１回のお買い上げ金額が税込2,500円未満の場合は送料は税込500円、税込2,500円以上の場合は送料無料。送料のほかに１回のご注文につき300円の代引手数料がかかります。商品到着時に宅配業者へお支払いください。

同文舘出版　営業部　TEL：03－3294－1801

も重要なことだと思う。エコバッグを持つこと、ゴミの分別を徹底すること、身近でできることは小さなことだけど、一人ひとりの行いが環境を守っていくことにつながると思う。子どもにもそのことをよく理解して、自ら行動できるようになってほしい。

息子も寝たので、夫婦2人でお酒を飲みながら、次の休暇の計画を立てる。前回、「エアビーアンドビー」で予約した葉山の宿はとてもよかった。ホストの方がとてもフレンドリーで親切にしてくれ、コテージは海まですぐで、自然に囲まれた、とても開放的なところだった。息子もようやくサーフィンに興味を持つようになってくれたようだ。家族で海を楽しみつつ、のんびりできる旅行がしたい。将来、葉山に別荘を持って休みの日にはサーフィンを存分に楽しむ、そんな二拠点生活にも憧れている。そんな日を目指して、明日も1日頑張ろう。

第2部

企業の取り組み事例（どのような価値を提供しているのかを考える）

第2部で紹介する事例は、第3章で紹介した図表3－3の知覚マップの5つのグループと連動しています。ただし、映画や音楽、雑誌などのコンテンツ系のサブスクは、すでに利用者も多く、色々な書籍で紹介がなされていますので、それ以外のタイプを中心に取り上げました。特に今後、モノのサブスクやシェアリング・サービスをどのように行えばいいのかという疑問へのヒントになると考え、以下の事例に注目しました。

自動車、宿泊、ホテルなどのグループにおいては、宿泊のシェアリング・プラットフォームを展開する「エアビーアンドビー」と自動車のシェアリング・サービスを展開する「カレコ」を、カジュアルファッション、家具などのグループにおいては、カジュアルファッションのサブスクを展開する「エアークローゼット」(airCloset)と、家具や先進的な調理家電などのサブスクを展開する「サブスクライフ」、家具のサブスクを展開する「無印良品」を紹介します。

キャンプ用品やスポーツ用品、着物などの一時的な利用を求めるグループに該当するサービスとして「雨の日を快適にハッピーに」というコンセプトで傘のシェアリング・サービスを展開する「アイカサ」を取り上げます。食品や飲料、化粧品、メガネ、インテリアなどのグループは、既存資料をもとに第3部の将来編の中で考察とともに紹介していきます。

なお、インタビューは、主に企業の代表取締役や役員の方々、事業部長の方々にお願いしました。コロナ禍ということもあり、インタビューはオンラインで、2021年7月から8月の時期を中心に行いました。半構造化したインタビューフローを先にお送りしておき、その流れに従いながら、執筆メンバーが質問したい内容について深掘りする質問をさせていただきました。そのため、それぞれの事例は担当を分けて記述していますが、事例を紹介する中で、メンバー間で理解が異なる部分は合意するまで意見をすり合わせ構成した内容になっています。

いずれの取り組み事例でも、インタビューの中で我々が「すごい！」と思った点や、「なるほど！」と感じた点をできるだけ詳細に表現してみました。どの事例からも多くの学びがあり、「持たない消費」であるサブスクやシェアリング・サービスについての新しい時代の風を感じました。ぜひ、楽しみながら読んでいただければ幸いです。

第7章

体験価値の提供：Airbnb（エアビーアンドビー）

出典：Airbnbより提供。

1　ミッションは、世界中のどこにでも自分の居場所があること

「エアビーアンドビー」（Airbnb）は、2008年、ブライアン・チェスキー、ジョー・ゲビア、ネイサン・ブレチャージクの3人で設立されました。最初のアイデアが生まれたのは2007年で、ブライアンとジョーが初のホストとして、サンフランシスコのラウシュ・ストリートにあるアパートを宿泊先（リスティング）として貸し出したことがきっかけでした。宿泊施設を貸し出す方を「ホスト」、それを借りる方を「ゲスト」と呼んでおり、ホスト数は当初の2人から400万人以上[1]にまで増えています。ホームページで公開中の宿泊先（リスティング）は、全世界で10万都市にわたり[2]、世界のほぼすべての国や地域で、すでに総計10億回以上もゲストを迎えています[3]。全ホストによる通算ホスティング収入は1500億ドル以上となっており[4]、米国のホスト1人あたりの年間平均ホスティング収入は9600ドルになります[5]。ホストが他にはない「ユニーク」な滞在や体験を毎日提供することで、ゲストは訪れる街の素顔に触れ、人とのつながりを感じながら世界を旅することができるのがエアビーアンドビーの特徴です[6]。

「Belong Anywhere」（どこにでも居場所があること）がこの企業のミッションであり、どの

1　2021年6月30日現在。
2　2021年12月31日現在。
3　2021年9月30日現在。
4　2021年9月20日現在。
5　2021年12月31日現在
6　エアビーアンドビーホームページ（https://news.airbnb.com/ja/about-us/：2021年10月16日アクセス）。

ような場所に行ったとしても、その地域や都市にいるホストを通じて、「**自分があたかも昔からそこに住んでいたかのように、色々なところにアクセスができて、旅をすることができる**」ことを目指しています。**単なる場所貸しではなく、様々な旅先でホストとゲストが「コミュニティ」を通じてつながり、交流することを大切にしています。**

日本市場に参入する際に配慮したことは「法令の遵守」と「地域課題の解決」です。まず、法令の遵守とは、ユニークな物件を確保するために、2018年に制定された住宅宿泊事業法（いわゆる民泊新法）を遵守しながら、ホストを開拓していることです。もう1つの地域課題の解決とは、単に宿泊場所を増やすのではなく、エアビーアンドビーが空き家問題などの地域課題を解決することです。宿泊に来る人々を地域で迎え入れることで、地域を訪問する観光人口（関係人口）を増やすことにもつながると考えています。実際に様々な地方自治体やDMO（Destination Management/Marketing Organization の略で、地域活性化を通じたブランディングを実践する組織）と連携することで、新しい市場を作り出すことを目指しています。これまでの事例であれば、徳島県で開催される阿波踊りの観光旅行者に対応するために、国のイベントホームステイの制度を活用して地域の住民が一時的なホストになり、自宅を宿泊施設として提供したり、2019年のラグビー・ワールドカップの際には、熊本県や釜石市など4つの地域で同様の一時的なホストの支援を行ったりしてきました。熊本県では、ワールドカップ期間中に約90世帯がホストとして自宅の貸し出しを行いました。中には、そのホストの体験が非常に楽しかったということで、その後ライセンスを取って民泊を始めた人もいるそうです。

なお、エアビーアンドビーのサービス拡大のためには、ホストを増やす必要があります。コロナ禍において、地方の別荘をエアビーアンドビーで貸し出したい、あるいは、地方移住をした方が生活に潤いを持たせたいのでエアビーアンドビーを活用したいというように、ホスト側のニーズも多様になりつつあり、そういったホストの資産（別荘や空き家）を貸し出しやすくするような様々なサポートも行っています。例えば、パートナー企業が参画するAirbnb Partnersというアライアンス組織を通じて、先ほどの民泊新法の届出を行うための行政書士によるサポート、インテリアコーディネーターの手配、民泊の運営代行などのサービスをワンストップで支援しています。近年の傾向としては、地域おこし協力隊などの地域ボランティアの方々が、その地域に定着した働き方としてエアビーアンドビーを利用した民泊を実践するケースも増えているようです。

2 最大の魅力は体験価値

20代から30代前半くらいの、いわゆるZ世代を中心に、ミレニアル世代までが主な利用者です。新型コロナウイルスの感染拡大前は、多くのインバウンド旅行者が利用していましたが、現在は日本人利用者の近隣での利用が増えています。主な利用シーンとしては、近隣エリアからの宿泊や、週末だけでなく平日も含めた長期滞在型のワーケーションなどが増えつつあります。例えば、東京近辺の場合であれば、別荘などの一棟貸しをファミリーで利用するケース、都内のマンション型の場合は仕事で利用するケースも多いようです。

エアビーアンドビーの最大の価値は「体験」であり、その体験を形作っているものは、ホストの存在とホストが提供する宿泊施設です。

ゲストの中には、ホストと仲良くなって、その場所に行くというよりも、そのホストにまた会いに行く人も多くいます。またホストを介してその地域の別の人とつながったり、地元の人しか知らないような場所にいってみたりすることは、多くのゲストにとって特別な体験になっています。

ホストが居ない（いわゆる不在型民泊の）場合でも、ホテルよりも長期滞在に向いている物件が多いのも民泊の特徴です。自宅のようにキッチンで自炊したり、洗濯ができたりする物件も多いので、そこを拠点として、ワーケーションをしたり、長期滞在をして、地域を見学して回る人もいます。ホテルでの宿泊やレジャーとは、また少し違う体験ができるのです。**それぞれの土地で営まれている普段の暮らしや、そこに住まなければわからない空間を共有することで、雰囲気が伝わるような体験こそが、本当の意味での地域体験につながると考えています。**

もう1つの体験価値は、物件自体のユニークさです。例えば、日本でも珍しい「合掌造り」の住宅に泊まれたり、自分では買えないような別荘に宿泊できたりします。一般的なホテルだと、家族や大人数で泊まるときに、どうしても部屋が分かれてしまうケースが多いのですが、例えばエアビーアンドビーでベッドルームが複数ある別荘を一棟貸し切りにすれば、3世帯で行って、家族で一緒に団らんしたり、バーベキューを楽しんだりしたあと、寝る所は別々という形での過ごし方もできます。このように、旅行している「ゲスト同士で楽しむ時間」を提供できるのも、ホテルとは違う価値になっています。

また、エアビーアンドビーで貸し出される不動産の持つユニークさは、日本における一般的な住宅の価値（評価）とは異なり、古いけれど価値としては高いということがあります。一般的な住宅の場合、新築のときが最も価値が高く、その後、時間とともに経年劣化して資産価値が低下していくものと考えられています。一方、築100年の温泉旅館の場合、むしろ古いことに価値があるとみなされるケースが多くあります。その意味では、純粋な住宅市場での価値と宿泊場所としての不動産の価値は、必ずしもイコールではないのです。

さらに住宅の場合は、駅からの距離の近さや、利便性などの効率性という視点が重視されますが、旅館の場合、「人里離れたわかりにくい場所にあること」や、大変な思いをしてわざわざ出かけることに価値があったりします。つまり、生活する場合と泊まる場合では物件に求める価値が逆転する場合があるのです。また、ホストが提供している施設や建物に、様々なコメントやレビューが多くつけばつくほど、価値が高くなっていくことも特徴としてあげられるでしょう。[7]

このように、魅力的で多様性のあるホストと施設が集まった存在がエアビーアンドビーであり、そこに集まるユニークなモノ・ヒトがユニークな体験を提供してくれるのです。

3 体験価値を高めるしくみ

ゲストがより価値の高い体験を得られるようにするために、エアビーアンドビーでは、ホスト、ゲストそれぞれのカスタマージャーニーを設計し、それに基づいてプラットフォームの設計やサービスの提供、ホストとの接点構築などのタッチポイントの質を高めてきました。

例えばゲスト・ジャーニー（ゲストのカスタマージャーニー）のプロセスは、宿泊する「前」から始まっており、宿泊先を探し、実際に宿泊し、その後の観光やアクティビティから帰宅した後の行動までをふまえ、以下の15のプロセスで構成されています（図表7－1）。

ゲスト・ジャーニーの体験価値を高めるための、プラットフォーム（アプリ）の基本的な設計としては、「なめらかに動くこと」「簡単に使えること」「掲載物件が美しく見えること」「必ず3クリック以内で予約が完了すること」が大事になります。エアビーアンドビーは、それを達成す

7　長田英知（2019）『いまこそ知りたいシェアリング・エコノミー』ディスカヴァー・トゥエンティワン。

るために多大な努力を費やしてきました。[8] 最近行われたアップグレードでは、[9] ゲストがより施設を検索しやすいように、宿泊先の検索や日付設定、少し外れた条件でもマッチングできるように検索の精度を高めるなど、プラットフォームに新しい旅行の形に合わせた柔軟性を持たせるようにしました（図表7－2）。また、よりシンプルかつ便利に使える機能の充実として、36個のアップグレードを行っており、お気に入り登録のしやすさや宿泊先により容易に到達できる機能、体験プログラムについての様々な機能などを、充実させました。さらにはホスティングを支援する機能を46個、世界中で利用でき

図表7-1　ゲストジャーニー（Guest Journey）のビジュアルとフロー

出典：Airbnbより提供、フローはそれをもとに筆者作成。

8　Gallagher, L. (2017) *The Airbnb Story: How Three Ordinary Guys Disrupted an Industry, Made Billions ... and Created Plenty of Controversy*, Houghton Mifflin Harcourt.（リー・ギャラガー、関美和訳（2017）「エアビーアンドビーストーリー：大胆なアイデアを生み、困難を乗り越え、超人気サービスを作る方法」日経BP社）。
9　詳細なアップグレード内容については、エアビーアンドビーホームページを参照（https://www.airbnb.jp/2021：2021年7月12日アクセス）。

るようにするための全体的なサポートを18個アップグレードすることで、より柔軟な旅行体験を提供し続けようとしています。このようにエアビーアンドビーでは、常にゲストが安心して旅ができるように、日々改善がなされています。

4 消費者からの評価 —日常のように自分のペースで旅をする—

実際にサービスを利用したことのある消費者にインタビューした結果、評価されていた点は、「自分のペースで旅ができる」、「いつもと変わらない日常のように過ごすことができる」、「他人との接触が少ない」、「自然とマッチした地方でゆったり過ごせる」、「(ホストはいないタイプでも色々なおもてなしサービスがあって)ホスピタリティを感じた」、「ホテルよりも割安になる」(以上、女性30代、❺自己充実・実現層)など、**日常を過ごすように**

図表7-2　新しいインターフェイス・デザイン

出典：Airbnbのアプリ画面、筆者撮影。

自分のペースで旅をすることができるという体験価値だけでなく、ホスト側の工夫によるホスピタリティ、シェアリング・サービスであることで割安に利用できることなどにも価値を感じていました。

他にも、「別荘のようなプライベート感を楽しめる」（女性50代、❺自己充実・実現層）や「（ホストがいないタイプだと）旅館のような接客がないので、気兼ねせずに過ごせて良い」（女性20代前半、❷いろんなモノを試すのが大好き層）、などの**施設のユニークさや、ホテルや旅館のような接客がない分、ゆっくり過ごせるというメリットを感じている消費者もいました。**

一方で、「ホストの人となりが事前にわからないことで、少し不安を感じた」、「ホストとの距離が近くなりすぎると、評価する際に気まずい」（女性50代、❺自己充実・実現層）、などホストとの距離感が満足度にも影響していました。ホストのおもてなしや距離の近さという点は、シェアリング・サービス全体における課題にもなります。特に日本人の場合、「隣人を愛するように接する」という海外のような文化がなく、ホストが距離の取り方を間違うと、ゲストの不満にもつながるため、十分に配慮すべき点でしょう。エルトらの研究によれば、ホストの写真が掲載されている施設の方がより信頼性が増すという結果も出ていますので[10]、そういった側面からの信頼性の向上も重要です。今回のエアビーアンドビーで実施された100以上のアップグレードで、ホストの情報に関する部分も改善されていますので、今後の利用者の評価に期待したいところです。

10 Ert, E., A. Fleischer & N. Magen (2016) Trust and Reputation in the Sharing Economy: The Role of Personal Photos in Airbnb, *Tourism Management*, 55, 62-73.

5 シェアリング・サービスのきっかけとインフラはすでにある

インタビューに応じてくれたエアビーアンドビーの長田執行役員によれば、「今後、新型コロナウイルスの感染拡大が収束してきたときに、シェアリング・サービスはさらに普及していく。働き方の変化、もともとの日本人が持つ助け合いの文化、シェア・マインドの醸成、地域の価値創出、などがそのキーになっていくだろう」と述べています。

まず、働き方の変化について考察します。新型コロナウイルスの感染拡大が収束し、再びテレワークから元のように職場に通う形に戻ったとしても、一定の割合でテレワークが許容されていくと考えます。そうなるとテレワークを自宅で行うだけでなく、地方に行って一時的にワーケーションするケースもあるでしょうし、完全に移住してしまうというケースも出てくるかもしれません。あるいは、住む場所を定めず、転々としながら、その場に応じて仕事をする働き方も登場してくるかもしれません。通信環境さえ整っていれば、どこでも働ける社会が到来することが予想されます。そのような状況において働く場所を考えるときに、エアビーアンドビーのようなプラットフォームも1つの選択肢として利用されていくことになると考えられます。

そして、日本人が持つ「助け合いの文化」がシェアリング・エコノミーの浸透にも役立つと考えられています。例えば、しょうゆなどの調味料の貸し借りなどは、昔は近隣でよく行われていました。近隣のコミュニティでの、貸し借りや助け合いを通じたシェアの精神は、人間が生活していく上で、本来的に行われてきたものです。また、日本の各地には、昔建てられた住宅などのインフラがすでに十分存在しています。今後、ますます人口減少と少子高齢化が進むことで、空き家が増え、使われなくなる家や施設がさらに増えていくことが予想されます。そうしたインフラを有効活用していくことが、地域が生き残っていくために求められているのです。そこで、エアビーアンドビーのようなプラットフォームを使い、できるだけ多くの人が施設をシェアして利用できる仕組みを活用することで関係人口が増え、結果的に地域の活性化にもつながっていくでしょう。例えば、過去にスキー場で賑わった新潟・湯沢の別荘地なども民泊として利用されるようになったことで、地域に人がまた集まるようになったという事例もあります。

また、地域の何に魅力を感じるのかは消費者によって異なります。その地域の住人からすれば、魅力がないと思っていても、旅行者にとっては魅力を感じるというケースもあります。コロナ禍前の事例ですが、ある港町の宿泊施設をよく利用する海外観光客は、日がな一日、湾の前に座って過ごしていたようです。朝早くから海辺に座って、船が行って戻ってきて、沈む夕日を見て「きれいだね」と感じながら1日が終わる。こうした贅沢な時間を体験するために宿泊に来るのです。これは、当の本人にとっては、とても価値のある体験なのでしょう。このように、観光における名勝や名所旧跡のような場所でなくても、普段の何気ない生活であるとか、その地域の風習のようなものが、そこに住んでない人にとっては魅力になります。これが、エアビーアンドビーを利用する価値の1つでもあり、こうした魅力をうまく発掘できている地域やホストが人気になっていきます。

それぞれの地域が持つ魅力、物件のユニークさ、ホストの魅力が掛け合わされることで、多様な魅力になっていきます。そして、エアビーアンドビーとしては、こうした地域が今後増えていくことで、新しい地域経済の仕組みが出来上がってくればいいと考えており、その意味で民泊を通じたシェアリング・エコノミーには可能性があるといえます。

ただし、地縁・血縁の間での貸し借りと違い、ホストとして他人に物件を貸し出すという行為には、やはり一定のハードルがあります。貸し出すハードルを一度越えられれば、あとは継続して行動できるようになることがわかっていますので、エアビーアンドビーでも、先輩ホストの体験談を聞く機会を作ったり、法律に関するセミナーを開催したりしながら、ハードルを下げているようです。また、前述した阿波踊りやラグビー・ワールドカップのように、国のイベントホームステイの制度を活用し、一時的なホスト体験を通じて「ゲストとの交流が楽しい」と感じることで、シェア・マインドを高め、心理的なハードルを下げるきっかけ作りを今後も行っていく予定です。

ホームシェアや体験を提供するホストの中には、収入面でのメリットだけでなく、「自分の持っている知識を誰かに伝えたい」「交流することで、自分の楽しみを得たい」「ゲストに感謝されることが生きがい」というような方も多くいます。例えば、仕事をリタイアしたホストも多く、エアビーアンドビーで物件を貸すことで、世界各国から来る人々との交流を通じて世の中とのつながりを実感できますし、ゲストに感謝されることは、1つの生きがいにもなります。ホストになるにあたっては、このような自己実現も非常に大きな要素になるそうです。

図表7-3　Airbnbが提供する「体験価値」

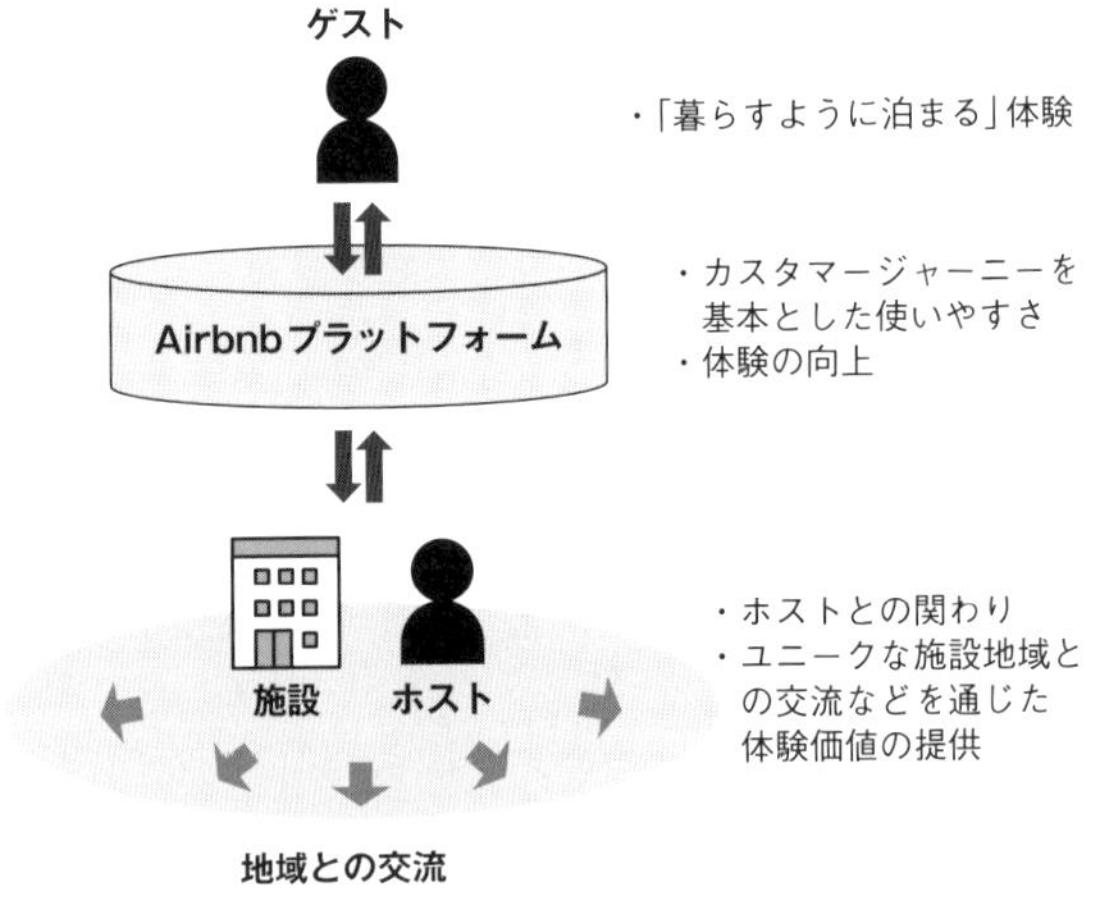

出典：インタビューに基づき、筆者作成。

ここまでをまとめておきます。エアビーアンドビーは、ホストの料金設定や宿泊人数によっては比較的安く利用できることに加え、プラットフォームがより使いやすくなることで、施設の検索や予約、連絡などもスムーズに行えるようになりつつあります。**手間をできるだけ減らし、ユニークな体験価値の提供を可能にすることで、利用価値の最大化を目指そうとしています。**名勝や名所旧跡などの観光価値がなくても、その地域で育まれてきた風土や風習などに魅力を感じる人もいます。そして、日本には貸し借りといったシェア・マインドの文化はすでにあります。少子高齢化によって余った物件をシェアするきっかけをエアビーアンドビーや地方自治体が支援していくことで、民泊を通じたシェアリング・エコノミーは今後、さらに普及していくでしょう（図表7－3参照）。

第7章のポイント

- エアビーアンドビーが提供していることは、単に安く宿泊することだけではなく、施設、ホスト、地域との関わりを通じて「暮らすように泊まる」体験価値である。
- カスタマージャーニーに沿ってプラットフォーム（アプリ）の設計を高めることで、使いやすさという体験の価値を常に高めている。
- シェアリング・サービスがさらに普及するためのインフラ（地方の使われていない施設や、文化的な要素）はすでに整っている。

第8章

「アクセスのしやすさ」という価値：careco（カレコ）

出典：カレコホームページより引用[1]。

1　カレコホームページ（https://www.careco.jp：2021年10月15日アクセス）。

1　カレコはカーとエコの意味！

カーシェアリングとは、1台の車を複数人でシェアし合うことを意味します。この事業を展開する「カレコ」は、三井不動産リアルティ株式会社の「三井のリパーク」の駐車場サービスと供にサービスを展開しています。2009年1月に三井物産が新規事業としてカレコのサービスを開始したことがきっかけとなり、その後、三井のリパークの時間貸駐車場事業がカーシェアの配置場所としても相性が良いことから、三井不動産リアルティの事業として取り組むことになりました。

そのため、「住まいや街の価値を活かしよりよい暮らしのために人に、社会に、こたえていく」という、三井不動産リアルティのミッションを共有して事業を展開しています。2022年2月現在で、31万3752人の会員登録があり、3141ヶ所の拠点において、5509台を保有し、順調に伸びています。

「カレコ」（careco）というネーミングの由来は、「カー（car）」と「エコ（eco）」をセットにした造語で、この「エコ」の部分は、車を経済的に合理的に使うという意味合いの「エコノミー」と、複数人でシェアすることで、環境に配慮するという意味合いの「エコロジー」の2つの意味を含んだステキなネーミングです。

2 カーシェアリングは、「所有しない」「アクセスのしやすさ」が特徴

カーシェアリングの形態には、本章で取り上げる「カレコ」や「タイムズカー」などの企業が個人に貸し出す「レンタカー型カーシェア」と、「エニカ」や「ゴー・トゥー・ゴー」（GO2GO）に代表される「個人間カーシェア」の2つがあります。このカーシェアリングというサービスは、自家用車（マイカー）ともレンタカーとも「所有の仕方」と「利用方法」の面でそれぞれ異なっています。

まず、所有の仕方の面で比較すれば、カーシェアリングはレンタカーとの大きな違いはなく、自家用車（マイカー）との違いの方が大きいことが特徴です。つまり、自家用車はその名のとおり、自分で車を「所有すること」を意味しますので、好きなときに、好きなだけ、自由に車に乗れることが最大のメリットです。それだけではなく、カッコイイ車や高級な車を所有していることは、社会的なステータスの高さを意味する側面もあります。ただし、所有者には数百万円の支払義務と維持管理の経費が大きくのしかかってきます。一方で、カーシェアリングの場合、他人（企業）が所有する様々なタイプの車種を、多くの利用者で共有しているため、他の利用者と重ならなけ

れば、好きな車に、必要なときに、必要な分だけ乗ることができます。借りた時間の分だけ支払いが発生しますが、所有する場合に比べれば、はるかに安いコストです。

日々の生活において、常に自動車が不可欠な状況であれば、借りる手間などを考えても自家用車（マイカー）が必要になります。一方で、毎日は使わないけれども、必要なときやいざというときだけ利用したい場合は、カーシェアリングの方が経済的にも環境的にも効率的です。つまり、利用頻度との関係で自動車という資産をどのように考えるかで、それぞれ、メリット、デメリットがあるということです。そして、マイカーを所有したいけれど、持てないという方々のニーズを汲み取ることが、カーシェアリングの腕の見せ所になります。カレコではそういったニーズに応えるために、多様なラインナップの車種を用意し、積極的にカーシェアステーション数を拡大しつつあります。

次に、利用方法ですが、カーシェアリングとレンタカーは異なります。カーシェアリングのメリットは、店舗を訪れて対面での

図表8-1　マイカー、レンタカー、カーシェアリングの比較

<table>
<tr><th></th><th>マイカー
（自家用車）</th><th>レンタカー</th><th>カーシェアリング</th></tr>
<tr><td rowspan="2">メリット</td><td rowspan="2">・好きなときに、好きなだけ利用できる</td><td colspan="2">・必要なときに必要な時間だけ利用できる
・維持費やメンテナンスにかかるコストが削減
・目的に応じて多様な車種が利用可能</td></tr>
<tr><td>・整備された状態で利用できる</td><td>・24時間、365日利用が可能
・決済の手間がかからない</td></tr>
<tr><td>デメリット</td><td>・購入や維持管理に費用がかかる
・メンテナンスの手間がかかる
・車種が固定される</td><td>・借りる際の手続きが面倒（営業所に出向き、対面で手続きをする必要がある）</td><td>・希望の車種が利用できない可能性、利用者が多いと利用できない可能性がある
・利用者間で共有するためトラブルがあり得る</td></tr>
</table>

出典：筆者作成。

説明を受けることや、鍵の受け渡しをする必要もなく、（事前に登録は必要ですが）PCやスマートフォンを通じてカーシェアのサイトにアクセスすれば、24時間いつでも利用予約できることです。さらに、短時間の利用が可能で、クレジットカードでのオンライン決済であることから、レンタカーのように営業時間を気にせず、対面でスタッフに会わなくてもいいなど、まさに**使いたいときにすぐにアクセスできるという利便性にこそカーシェアリングの価値があります**（図表8－1）。

特に、カレコの場合、先ほども記載したように、他社よりも車種のラインナップが豊富です。カレコのホームページを見ると、SUVをはじめとする多様なラインナップが揃っており、目的に応じて使い分けもできるので、利用者にとって、それが大きな魅力となっているようです。図表8－2の写真はカレコのカーシェアステーションです。三井のリパークの駐車場に緑色のカレコのロゴが入ったスタンドサインとともに自動車が置かれています。事前の会員登録で入手したICキー、または、スマートフォンアプリやWebページからでもロックを解除することができる仕組みになっています。

カーシェアステーションの設置エリアや地域については、他社の場合、主要な駅の駅前に設置する形で全国展開をしていますが、カレコの場合は、首都圏や関

図表8-2　カレコのカーシェアステーションとICカード

出典：三井不動産リアルティより提供。

西圏などの「都市部」を中心にカーシェアステーションを設置しています。

設置場所には、カーシェアリングを利用する消費者のニーズが関連します。カーシェアリングを利用する多くの消費者はマイカーを保有していないため、自動車を保有しにくいエリアや立地が設置場所に適しているそうです。例えば、駐車場代の相場がある程度高いエリアです。駐車料金が高いと自動車を維持するためのコストが余計にかかるため、買いたくても経済的な理由で買えない消費者が多いと考えられることから、カーシェアを利用するニーズが強い可能性がありま す。逆に駐車場代が安いなど、コストがあまりかからないようなエリアであれば、自動車を保有する割合も高くなるので、設置場所には向かないようです。

このような点から、企業が多く集まっているようなエリア（仕事で利用する方が見込まれるため）や、転勤者が多く住むエリア、マンションが多いエリア、学生街などが設置場所として見込まれています。

3　20代の若い世代の利用が増えている

カレコの利用者には、大きく分けて2種類のタイプが存在します。

両方とも男性が主な利用者であり、1つ目は30代から40代までのファミリー層で、全体の5割くらいを占めています。2つ目は、20代の若い層で、全体の2割くらいを占めています。ただ、新規利用者は、20代の若い層が4割を超えており、増加傾向にあります。

30代から40代のファミリー層は、遠出やレジャー目的に利用する一方で、送迎や近場の買い物にも利用しています。20代の若い層の利用時間は、おおよそ12時間、長いと24時間、さらには48時間ほどにもなり、遠方へのレジャーや旅行の際に利用する傾向があるようです。この若い層に関しては、利用者の増加もそうですが、利用する頻度や利用する時間の長さも増加傾向にあります。その理由の1つが、2018年4月から導入された「月会費無料プラン」です。これは、ランニングコストが一切かからず、料金については「乗った分だけ」という点が評価されています。これまで、カーシェアといえば会員登録し、月会費を支払うのが主な利用スタイルでしたが、月会費という経費がかからなくなったため、ライトユーザー層が一気に増えたようです。さらに、新型コロナウイルスの影響で、公共交通機関を避けてカーシェアリング・サービスを利用する人が増えたこと、レンタカーの営業時間外に車を使いたい人が、24時間365日利用できるカレコ（カーシェアリング）に流れてきたことも利用者増加の後押し要因です。利用者が増えると心配なのが、車内の清掃や除菌対策ですが、カレコはこの点もきちんと行うように配慮しています。

徐々に利用者が増えているカレコですが、利用者の入会のきっかけは、「近くにカレコのステーションができた（あった）ため」という理由が58・7％と圧倒的に多いことから、近くにあってすぐに利用できることがカーシェアリングの強みになります。その他には、「マイカーを手放したため」（22・0%）、「様々な車種に乗ってみたかったため」（21・7%）、「新型コロナウイルスの流行により、公共交通機関での移動を控えるため」（16・3%）、「引越しなど、居住環境が変わったため」（15・5%）など、住環境変化や車種の魅力などがきっかけの理由としてあがってきています（図表8－3）。

主な利用目的は「日帰りレジャー」（56・4%）、「ドライブ」（41・8%）、「郊外の大型商業施設での買い物」（39・6%）、「近隣での買い物」（35・5%）、「宿泊を伴う旅行」（28・2%）など、近場でのレジャーや買い物など、日々のちょっとしたお出かけが主な利用目的になっています。逆に通勤や通学など毎日の利用では自家用車が中心になってくることが予想されます（図表8－4）。

ただし、カーシェアリングには課題もあります。1つは、入会のきっかけにもつながりますが、やはりカーシェアステ

図表8-3　カレコの入会のきっかけ（複数回答）

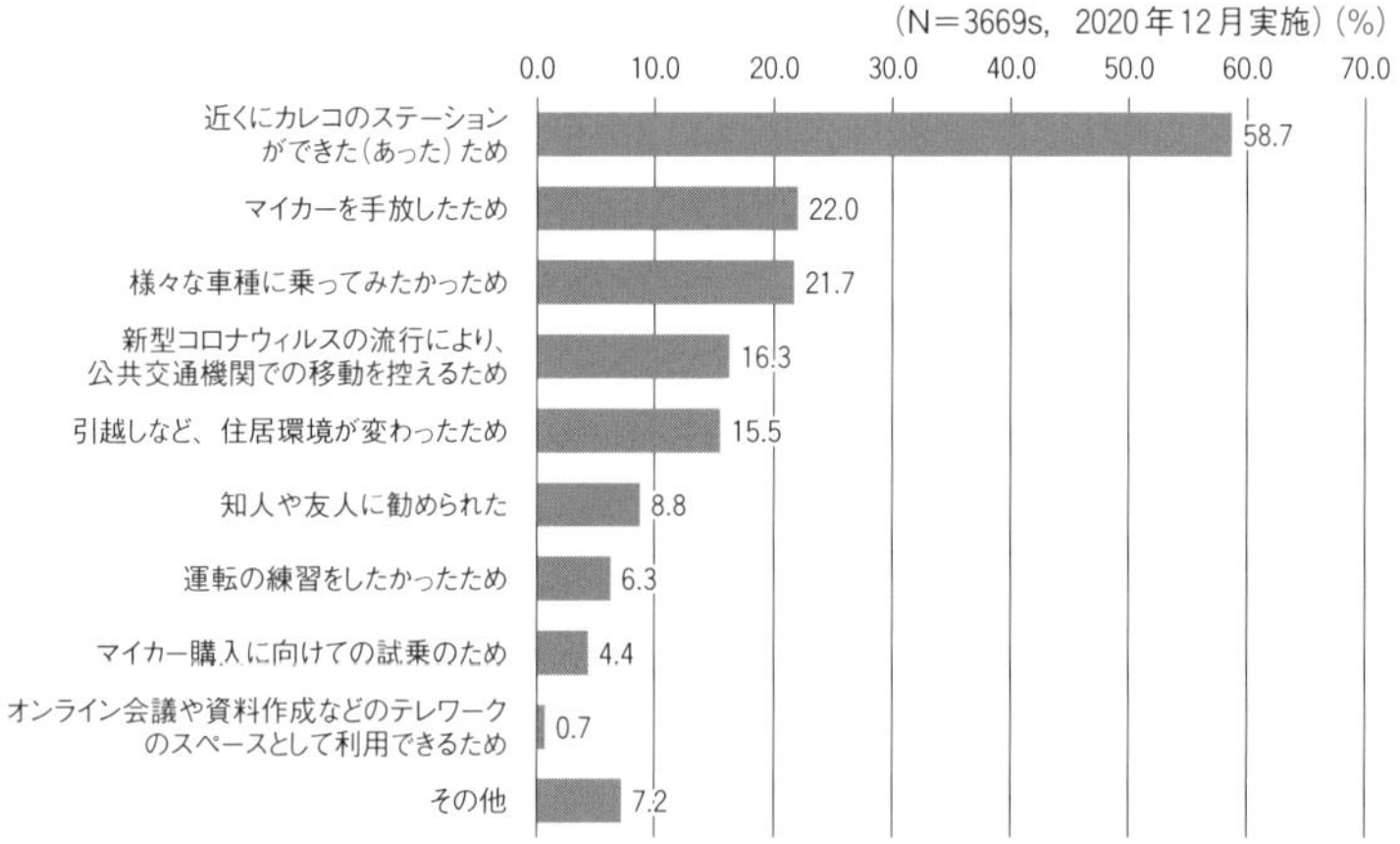

出典：三井不動産リアルティより提供。

ーションの場所をもっと確保していかなければならない点です。他にも、サービスや運営面の課題があります。無人のサービスであるからこそ発生するトラブルやマナーへの対処が必要です。カーシェアリングの特性として、ガソリンを入れて返却することや、車内をきれいに使うことなどは、会員同士の協力が必要になります。そういった点で会員同士が気持ちよく利用できるような環境を整え続けることが必要で、日々の運営で会員からの問い合わせへの対応や課題を解決し続けることが求められます。

さらに、取り扱う車両が増えれば、事故の可能性も増えますし、ガソリンにかかる費用も当然増えていくので、安心安全で、会員にとって使いやすい車両を提供できるよう、日々努力していく必要があります。価格面でも、レンタカーよりも安いため、より利用頻度を上げていくこと、利便性の良さを感じてもらうことが、収益性の向上、ひいてはカーシェアリングというサービスの普及につながります。その結果、（ミ

図表8-4　カレコの利用目的（複数回答）

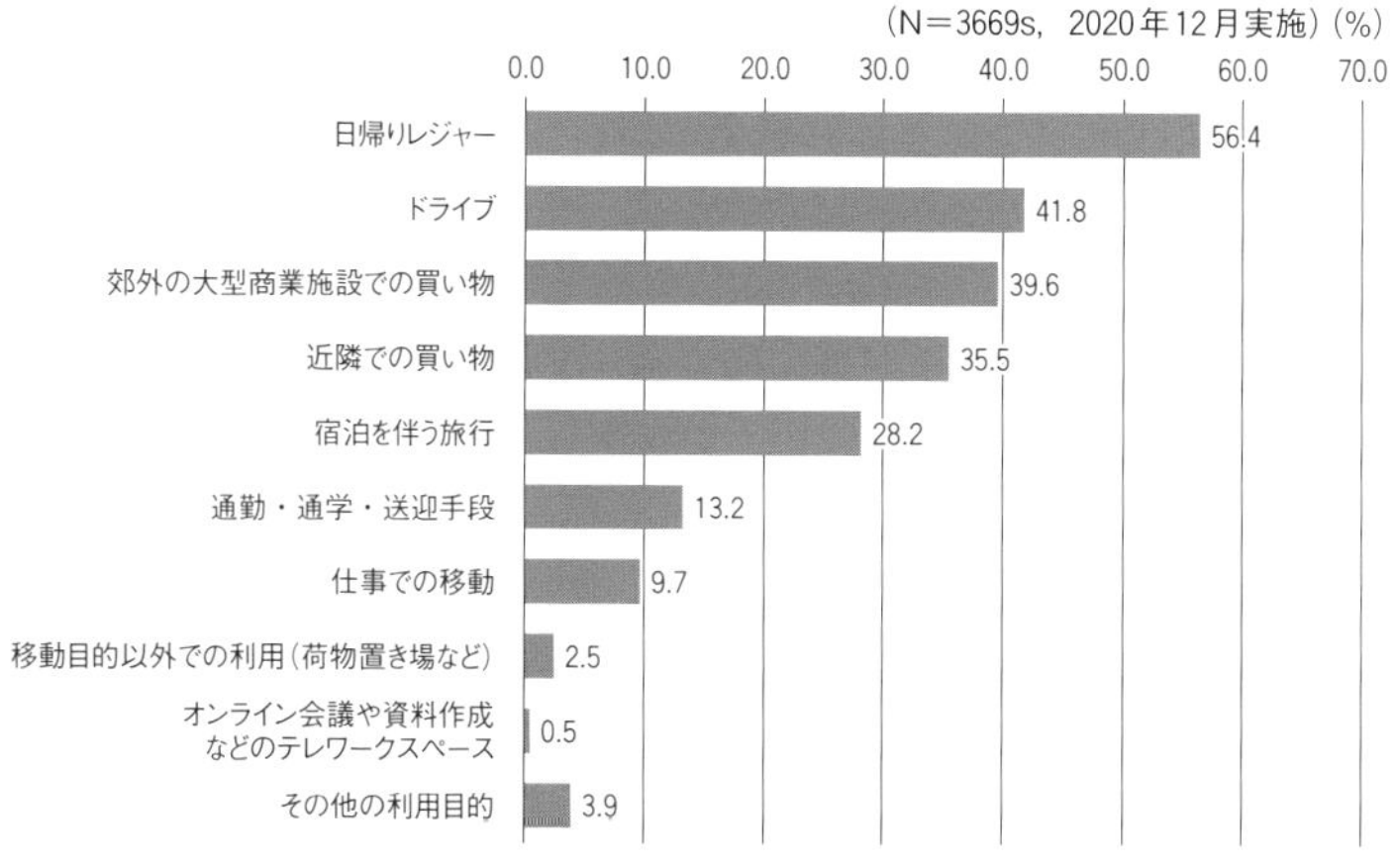

出典：三井不動産リアルティより提供。

ッションにあるような）より良い暮らしのためになり、最終的には、社会全体のためになるとカレコは考えています。

4 カーシェアリングの未来

カレコの場合は、企業が自動車を用意し、それを会員（一般消費者）が共有しながら利用するBtoCのサービスが中心ですが、消費者間でのカーシェアリング（いわゆる本来の意味でのCtoCのシェアリング）は現時点では検討していません。その理由として、個人間の場合、希望の車種がうまくマッチングできるのかといった借り手と貸し手との問題や、貸し借りにおけるトラブル（本人確認や安全性の問題など）[2]、収益性など、超えなければならない課題が多いことも関係しているようです。逆に、カレコの会員であれば、1つのIDで、日本全国にあるカレコのカーシェアリング・サービスを利用できるというメリットがあるので、利便性の面でも、今のシステムの方が利用しやすく利用機会は広がります。

カーシェアリングを体験した会員の中には、「車を買いたい」「（実際に買うかはわからないが）意欲はある」という人が4割ほど存在しており、その中の半数は「カーシェアリングの会員になり、このサービスを経験した後、車が欲しくなった」とのことなので、会員

2　個人間のカーシェアは様々なトラブルも多いという（https://bestcarweb.jp/feature/column/312000：2022年2月16日アクセス）。特に、個人間でのコミュニケーションの課題や貸し借りのマナーが伴わないケースです。例えば、日本語が通じない、日本のルールがわからない外国人が借りたり、挨拶や事前の連絡もなく、いきなり予約したり、ガソリンを満タンにして返すのが基本なのに、その対応をしない場合などです。チャイルドシートを大きく汚損した返却や、自動車のキズやヘコミなどのトラブルも多いそうです。あとは走行距離の不正申告や、オーナー（貸し手）が知らないところで売却されてしまうトラブルなどもあり、日本においても、個人間カーシェアは難しい課題が多くあります。

全体の2割くらいはカーシェアリングの体験がその後のマイカー購入のきっかけになりそうです。所有するのか、シェアリング・サービスの利用を続けるのかという点は、利用頻度との関係が強そうです。ただし、日本でマイカーが実際に利用されている割合は全体の5%にしか満たないというデータもあります。[3] 自動車の製造にかかった費用や手間の95%が無駄になっていると考えると、**シェアリング・サービスが経済的にも社会環境においても、無駄のない活用であるといえ、無駄を見直そうという今の世の中の流れもシェアリング・サービスの普及の後押しになっていくことが予想されます。**

なお、このカーシェアリングが若い世代で急激に浸透しているという点は、このカレコの事例でも紹介しましたが、実際、筆者（髙橋）のゼミ生に聞いてみたところ、25名のうち14名（半数以上）が日々、カーシェアリングを利用しているそうです。同志社大学の今出川キャンパスは、京都市上京区今出川通に面したキャンパスです。キャンパスのすぐ南側に京都御所があるため、そのエリアに生活関連のサービスや住居はありませんが、それ以外のエリアは住宅が密接していて、一人暮らしの学生も多く住んでいます。近隣の路地を1本入ったあたりには多くの駐車場があり、同時に多くのカーシェアリング・サービスが展開されています。そのため、「友人と少し遠出するとき」、「家族が自家用車を使っていて、使えないとき」などのシーンで利用する場合も多く、若い世代の日々の生活の中で、カーシェアリングは広く浸透しており、彼らの生活のあり

3　Lacy, P. & J. Rutqvist (2015) Waste to Wealth : The Circular Economy Advantage, Palgrave Macmillan（ピーター・レイシー、ヤコブ・ルトクヴィスト、牧岡宏・石川雅崇監訳、アクセンチュア・ストラテジー訳（2019）『新装版　サーキュラー・エコノミー：デジタル時代の成長戦略』日本経済新聞出版社）より引用。

方を変えつつあります。近年、「アクセスベース消費」が若い世代を中心に広まっていることから、これからの時代において、カーシェアリングへの抵抗が少ない都市部の若い世代を中心に、今後も利用者の拡大が想定されます。

第8章のポイント

- カーシェアリングは、必要なときに必要なだけ利用できるため、アクセスベース消費に適している。
- 所有、レンタル、シェアリング・サービスの使い分けには、利用頻度が影響している。利用頻度がそれほど高くない場合は、自動車を保有して利用するよりも、シェアリング・サービスで利用するメリットの方が大きい。
- 消費者同士のシェアリング・サービス（CtoC）は課題が多いため、企業が個人にシェアリング・サービスとして貸し出す（BtoC）タイプの方が利用機会が広がりやすい。

第9章

移動を快適にハッピーに：アイカサ

出典：アイカサホームページより引用[1]。

1　アイカサホームページ（https://www.i-kasa.com：2022年2月8日アクセス）。

1　傘のシェアで雨の日の移動を快適に、ハッピーに

アイカサは、株式会社Nature Innovation Groupが運営する傘のシェアリング・サービスです。２０１８年12月から事業をスタートし、東京、大阪など大都市圏を中心に25万人近い利用者を抱えるサービスとして急成長しています（２０２２年3月時点）。「雨の日を快適にハッピーに」と、「使い捨て傘をゼロに」というミッションのもと、雨の日の移動の快適性をサポートしながら社会課題を解決するツールとして、またそれ以上のハッピーを提供するサービスを目指して事業展開されています。

利用者は、急に雨が降ってきたときなどにスマートフォン1つで近くのスポットから、料金は24時間70円と非常に安価で傘を借りることができます。また利用後は好きなスポットに返却ができ、例えば、外出先のスポットで借りて、翌日自宅の最寄り駅のスポットに返す、といった使い方ができます。創業のきっかけは、創業者である丸川照司氏の学生時代の経験でした。当時マレーシアに住んでいた丸川氏は、海外で普及していたシェアリング・サービスに感銘を受け、ちょうど日本でも展開され始めていた自転車のシェアリング・サービスを目にし、「学生時代は傘がなくて、とても困った。自転車よりも傘が欲しい」と思い立ちました。日本は世界でも有数のビ

ニール傘消費国なので、無駄な傘の消費をシェアリングによって代替することで価値が生まれるのではないかと考えてビジネス化を決断しました。海外のシェアリング・サービスを参考に、スマートフォンのアプリを用いて気軽に利用できるサービス設計を行いました。特に決済のしやすさを中心とした利便性を追求し、現在では地図情報や気象情報とも連動した使いやすいアプリとなっています（詳しくは次節）。

2022年3月現在、スポットの数は駅や商業施設、オフィスビルなど全国約900ヶ所、傘の本数は1万5000本を超えています。突然の雨で簡易的なビニール傘を買い求める人は多いでしょう。しかしそのとき必ずしも「この傘が欲しくて買う」という積極的な消費ではないと思います。「仕方ないから買う」という受動的な消費を、シェアリングによって減らす事業がアイカサなのです。**傘のシェアリング・サービスは、使い捨てされがちな傘の消費を減らし、環境への負荷を低減させるサステナブルなサービスとしても注目されています。**

アイカサのサービス名の由来は2人で一緒の傘に入る「あいあい傘」です。人と人があいあい傘をする、つまり複数人で傘をシェアする、という連想から「アイカサ」という名称をつけたそうです。他にも、傘をすぐに捨てずに「愛」して大切に使う、インターネット技術を活用する（Internetの頭文字「I」）などの意味もかけたサービス名となっており、事業への想いが反映されています。

2 「雨宿りスポット」で事業展開

1 移動の始点と決済情報を重視

この節ではアイカサの事業展開について詳しくみていきます。まず、傘の置き場所として最も重要なポイントは「移動の始まりと終わり」です。例えば駅や商業施設、オフィスビルなど移動の始点と終点にアイカサがあることが、自然な動線で利用してもらうためには重要です。同じ意味合いで、雨宿りするような場所にも積極的に設置を進めています。使いたいと思ったときにすぐに手に取ってもらえるように、施設の出入り口や駅の地下から地上に上がってきた場所など、雨を視認するような場所に設置しています（図表9－1）。設置場所についてはアイカサの従業員が直接、候補場所へ出向き、現地を確認し、消費者のニーズが発生しやすい場所を探して設置場所の範囲を拡大しています。1本の傘をより多く長く利用できる方がエコであるため、設置している傘は丈夫で良質なものを使っています。また雨の日だけでなく、一部の傘は日傘としても十分に使える傘を提供しています。モノを共有するため、昨今の新型コロナウイルス感染症対策として傘を抗菌ウイルスコーティングし、安心して使ってもらえるように、1本ずつ消毒も行っています。

アイカサの利用の流れは、まず「アイカサアプリ」をダウンロードし、基本情報の入力と共にクレジットカードやキャリア決済など様々な決済インフラから決済情報を選択して登録します。次にマップから現在地周辺のアイカサスポットを探します。スポットが見つかったら、アプリ上で「借りる」ボタンを押して利用地域を選択し、スポットのＱＲコードをスキャンすれば傘を利用することができます。目的の場所についたら、傘を近くのアイカサスポットに返却すれば終了です。

料金体系は通常プランと月額プランの2種類で、通常プランは都度課金で70円／24時間（同月内の上限は４２０円）、月額プランは２８０円／月で１ユーザーあたり同時に2本まで利用し放題となっています。[2] この料金体系がサブスク型です。利用された傘の返却率は約99・5％（ユーザーによる紛失は１０００本にたった5本のみ）と非常に高い返却率を誇っています。モノを共有する際には利用されたものがきちんと返ってくるかどうかは重要な指標です。アイカサでは前述のとおり、利用者がはじめに決済情

図表9-1　アイカサの傘が設置されているスポット

出典：Nature Innovation Groupより提供。

2　利用の流れや料金形態について、詳しくはアイカサホームページを参照。

報を登録します。**一度登録すれば決済が簡易化して使いやすくなるというメリットと同時に、傘を返却しないと翌月以降も支払い続けることになるという状況が、消費者がきちんと傘を返却する動機づけになっています**。また利用後は手ぶらで移動したいというニーズも満たすサービスであるため、高い返却率で運用できているのです。

2　利用シーンに寄り添うサービス

アイカサは性別や年齢などのデモグラフィック属性によるターゲティングやペルソナ像はあえて設定しておらず、利用者は設置場所に依存しています。雨という状況は誰にでも起こりえるため、利用シーンという切り口で支持されているサービスといえるでしょう。利用のきっかけとしても、雨で困ったタイミングでたまたまスポットを見かけ、アプリをダウンロードして使う人が多いようです。

シーンについてはアプリ上でも工夫されており、プッシュ通知をオンにしておくと、毎朝現在地付近の天気予報がスマートフォンに通知されます。また、にわか雨などの突発的な雨予報や、環境省と連携し、雨以外にも日差しが強い日（熱中症警戒）の通知もしてくれるなど、日傘としての利用促進も行っています。利用者数は人流の多さに依存しますので、２０２０年以降前後は新型コロナウイルスによる外出自粛などの影響で、繁華街エリアでは利用者が減少しましたが、住宅地エリアにあるスポットの利用者数はそこまで大きな影響を受けませんでした。

具体的なターゲット像は設定していないものの、比較的、若年層を中心に支持を集めており、学生の利用者も多いようです。特に学生にとっては、ランチ代よりも高い金額で使い捨ての傘を買うことを考えれば、24時間70円で傘を利用できることのメリットは大きいでしょう。アプリやオンラインでの決済を駆使した新しいサービスに抵抗がない世代であることも、サービス浸透の一因のようです。

アイカサでは学生向けの施策を強化しており、16歳から22歳までを対象にアイカサ利用料が0円になる「U22応援プラン」の打ち出しや、大学構内へのスポットの設置を積極的に行い、大学構内のスポットでは雨の日は1日100本もの貸し出しがあるそうです。このような特徴もふまえて次節では、アイカサが利用者に提供している価値をみていきます。

3 「仕方ない消費」を価値に変える

アイカサの利用者はどのようなところに価値を見出しているのでしょうか。価値を解明することで、シェアリング・サービスを展開する上での大切な点を探っていきます。ここではある利用者の意識の移り変わりをモデルにしてみていきます。

まず最もわかりやすく、かつ利用のきっかけになりやすいのは「コスト－ベネフィット」です。**買うとなると1本数百円する傘、しかも仕方なく購入しなければならないものが、24時間までなら70円で借りることができるということは大きな価値です。**最初は、お得に利用できるという「コスト－ベネフィット」で利用していく中で、利用者が次に理解するのは「アクセス－ベネフィット」です。アクセスのしやすさとは、必要なときに必要なだけ利用することができることであり、傘を使うことへのアクセスの良さを表しています。雨で移動できない不安に対して、**街中のいたるところに自分の置き傘があるという状況は、いつでも傘が利用できるという安心感を与えてくれるのと同時に、外出時に傘を持たずに出かけられるというメリットもあります。**さらに利用を続けていると、利用者は、傘を返却したときにアイカサアプリ上で「CO_2の○○g削減に貢献しました！」といった内容の通知によって、自分の行動が無駄な傘の消費を抑えられていることに気づきます。次第に環境に貢献しているという「社会貢献－ベネフィット」を感じ、**シェアリング・サービスを利用することで自分が社会に対してプラスの影響を与えているという価値を認識することが、**利用者の満足度を

図表9-2　アイカサの提供価値

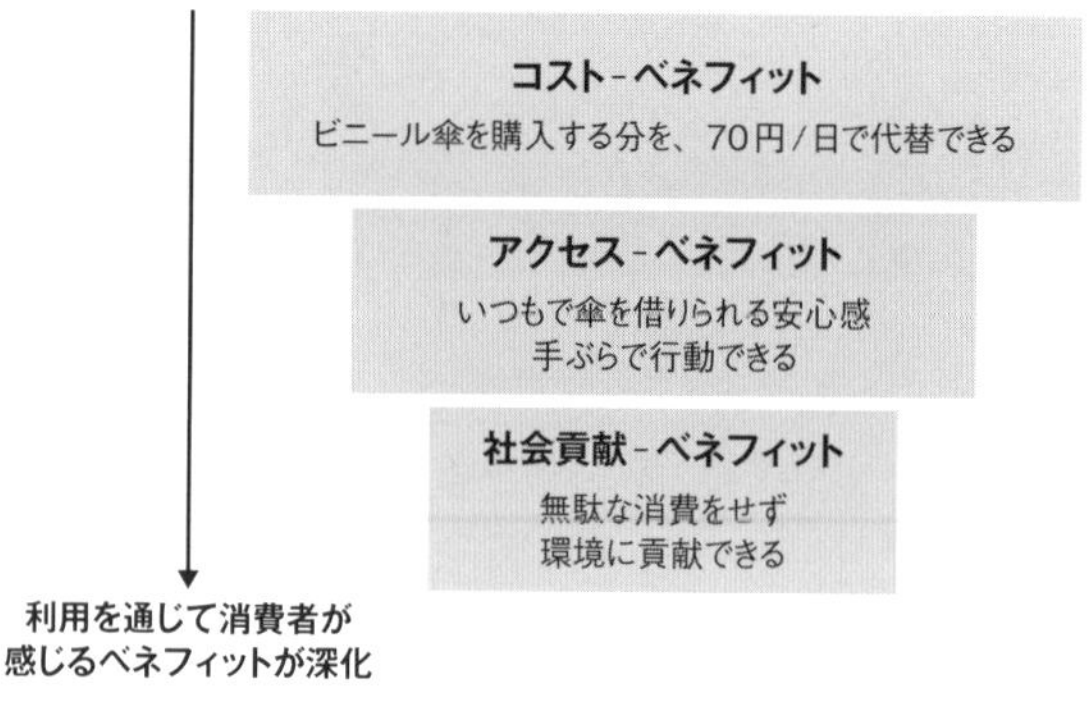

出典：インタビューに基づき筆者作成。

さらに高めると考えられます（図表9－2）。

ここでは1人の利用者が感じる価値の変遷を説明してきましたが、必ずしもすべての利用者がコストやアクセスを通じて社会貢献の価値へというプロセスを経ていくわけではなく、最初から環境意識が高い利用者がアイカサを利用する場合もあるでしょう。しかしここで大切なのは、多くの利用者に利用してもらうために、わかりやすい価格面でのメリットを掲げて、利用のハードルを下げることです。利用するプロセスを通じて、サービスの真の価値を認識してもらい、利用者が増加することで、結果的に社会全体におけるサステナブルな消費行動にもつながる仕組みです。

4 サブスクとシェアで社会的価値を実現する

アイカサは今後、傘の使い捨てや「仕方なく買っている」消費を「ゼロ」にしたいと考えています。そのために駅や大学、商業施設などに2万ヶ所のスポット、街中に100万本規模の傘を設置することを中長期の目標に据えています。アイカサの今後の展開をふまえると、日本においてもシェアリングはますます発展していくと考えられます。それは決してボランティアではなく、前節でみたように消費者にとっても実益や価値があるためです。

企業側にとっても、モノのシェアリングは従来の売り切り型のマーケティングに比べて維持やメンテナンスのコストはかかりますが、1つのモノを何度も利用することで、多くの消費者の手助けができることが存在価値となります。生産するごとに原価がかかる場合とは異なり、シェアリングで一定の原価でモノを何度も利用することで無駄な費用を抑え、利益へと転換できる仕組みです。言い換えれば、1本の傘を何度も消費者の価値に変えることができるため、資源の活用効率が非常に高いサービスであるともいえます。長く使うことができ、必要なシーンがある程度、限られている傘のような商材は、シェアリング・サービスとの相性が良いといえます。

ただし、商品特性だけではサービスは普及しません。普及のための鍵は2つあると考えられます。1つ目はアプリの利便性です。特に決済インフラが重要な役割を担っていると考えられます。アイカサのようになるべく利用の手順を簡単にして、「まず使ってもらう」ためのハードルを下げることが重要です。特にアプリを利用する際に、位置情報や決済情報を入力することで、決済インフラをうまく利用する仕組みになっています。2つ目は、より多くの消費者がメリットとして享受しやすい形で価値を設計することです。まずは目の前の「仕方なく買っている」傘をお得に利用できるようにし、次第にアクセスのしやすさによって自分の置き傘が街中に無数にある安心感を提供し、さらには環境問題への貢献意識を醸成することで継続的な利用を促していくのです。結果的にビニール傘のゴミの削減によって、無駄な消費は減り、企業も社会もメリットが享受できるという構造を作り出すことが重要です。

アイカサは今後も真摯に消費者と向き合っていくことで、社会にも優しい価値を実現していくでしょう。

第9章のポイント

- 消費者の利用シーンに寄り添ったサービス設計で、できれば支払いたくない「仕方ない消費」を減らし、利便性の高いサービスを提供する。
- モノのシェアリングを活用することで利益を出しながら、社会的価値を高めることが可能となる。
- サブスク型の料金体系、決済システム、デジタル技術を駆使して、まず使ってもらうためのハードルを下げる。

第10章

時間価値の提供：airCloset（エアークローゼット）

出典：エアークローゼットホームページより引用[1]。

1　エアークローゼットホームページ（https://www.air-closet.com：2022年3月13日アクセス）。

1 エアークローゼットは「時間価値」を提供する

昨今、様々なモノやサービスがサブスクとして登場していますが、その中でも代表的、かつ、国内でのサブスク市場草創期から展開しているサービスとして「エアークローゼット」（airCloset）があげられるでしょう。エアークローゼットは、2015年、国内初の女性向け月額制ファッションレンタルサービスとして立ち上げられました。月額7480円～14080円でスタイリストが選んだ洋服が自宅に届くファッションレンタルのサブスクで、30代から40代の女性を中心に幅広い年代の女性から支持されています。2022年2月時点で登録会員数70万人を突破するサービスにまで成長しており、オンラインでの新しいファッションの楽しみ方として今後も成長が期待されるサービスです。現在、株式会社エアークローゼットは実店舗でのレンタルや他企業と連携したサービスなども含め、4つの事業を展開していますが、本書では主な事業であるエアークローゼットについて紹介します[2]。

株式会社エアークローゼットはどのような理念のもとに生まれ、どのような顧客価値を提供しているのでしょうか。同社は、代表の天沼聰氏と天沼氏のコンサルテ

2　エアークローゼットに加え、実店舗でプロのスタイリストから直接アドバイスを受けられるファッションレンタルショップ『airCloset × ABLE（エアクロエイブル）』、スタイリストの提案する5着の洋服を自宅で試着して購入することのできる提案型ファッションEC『airCloset Fitting（エアクロフィッティング）』の３つの事業は、「パーソナルスタイリング」と「利用者が洋服を手にとって体験すること」を共通の提供価値としています。この他、2020年にサービスを開始した『airCloset Mall（エアクロモール）』はメーカー公認の月額制レンタルサービスで、YA-MAN、BELEGAなどの美容家電、西川の高機能マットレスなどを試すことができるサービスですが、エアークローゼット利用者と同じく30-40代女性をターゲットとする商品を中心に、気軽に新しい商品に出会うことを後押ししています。また各企業とのタイアップも行っており、メーカーのプロモーション支援として化粧品やお菓子の試供品やリーフレットをエアークローゼットの洋服に同梱することで、メーカーのターゲット層に確実にアプローチできる取り組みなどを実施しています。いずれも「『ワクワクする』新しい出会い」が共通の提供価値となっています。

ィングファーム時代の同僚である、前川祐介氏、小谷翔一氏の3人で創業したサービスです。創業前に3人でディスカッションをした際、一時的な流行り廃りに左右されるものではなく、人のライフスタイルを豊かにする事業をしたいという共通意識のもと、人に等しく与えられた『時間』の価値を高めるサービスを作ろうと決めたそうです。天沼氏はインタビューで次のように話していました。「億劫な時間や面倒くさいと思っているときの時間の過ごし方と、ワクワクした時間の過ごし方って、きっと価値が違うなと感じました。時間の価値を高めることでライフスタイルの豊かさも高められたら素晴らしいなと考え始めたのが、きっかけです。」これが企業理念である「誰もがワクワクする、新しい『あたりまえ』をつくろう。」へとつながります。

次に、ビジネス領域となる時間価値を高める商材には、ライフスタイルの中でも人の気持ちに近く、肌身離さず身につけるもので、ワクワクする時間を多く作れるものとしてファッションが選ばれました。また「多くの女性が、朝の準備に時間をかけたり、ファッション選びをしたり、トレンドを知ることに時間をかけたい一方で、子育てや家事、仕事の忙しさのせいで、思うように時間がかけられないもどかしさを感じているのではないか」という仮説から、まずは忙しい女性の日常の中に新しいファッションとの出会いをたくさんつくる。その代わり、時間をなるべく使わなくても、出会いがつくれるサービスとすることが決まりました。

さらにトレンドを調べて、洋服を探すという行為自体を信頼できる第三者、スタイリストに任せることにしました。洋服を探す手間を省き、自分に合う服を楽しむことに集中してもらうことで、時間価値を高めようとしています。この価値とは、ベネフィット÷コストで示されるもので、時間価値＝ポジティブな時間（ワクワクする時間、楽しい時間）÷ネガティブな時間（面倒な手間・作業）に置き換えられます（図表10－1）。つまり、エアークローゼットを利用することによって、**ポジティブな時間を増やし、ネガティブな時間を極力省くことで時間価値を最大化することがエアークローゼットの本質的な提供価値です。**[3]

2 サブスクだからこそ実現できる顧客価値
―カスタマージャーニーから考える―

エアークローゼットは忙しい女性をターゲットに据えてサービスを設計しています。インタビューによると利用者は、当初のターゲットどおり、本当はファッションを楽しみたいけれど、家族や仕事を優先していて、その時間がない人たちが多いとのことで

図表10-1　時間価値を高める仕掛け

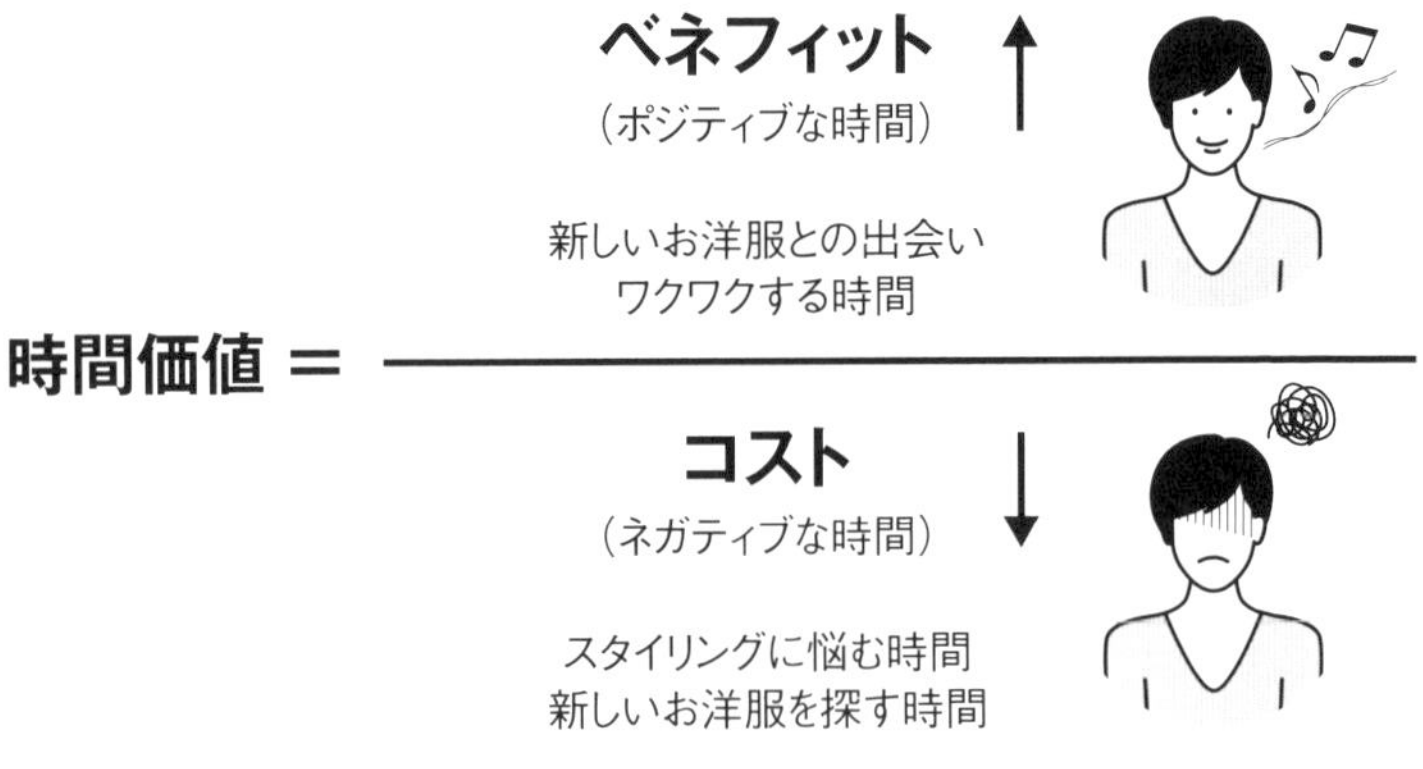

出典：インタビューに基づき筆者作成。

した。エアークローゼットに満足している点も、「コーディネイトを選んでもらえる手軽さ」、「たくさんの洋服に出会えること」、「自分では選ばないような洋服に出会えること」をあげる利用者が多いそうです。

では、利用者はこれらの価値をどのようなタッチポイントで体感することができるのでしょうか。今回、筆者（財津）はエアークローゼットを実際に利用し、どこで満足度が高まるのかを検証してみました。

(1) 申込

まず、無料登録で診断を受けることからスタートします。好みのコーディネート、普段の服装のイメージに加え、身長や身体の気になる部位などの情報、NGなファッション（例えば、膝上丈スカート、ノースリーブは避けたい、等）などを入力します（図表10-2）。診断は直感的に回答できる仕様になっています。また、選択する内容に合わせて「お届け可能なお洋服のバリエーション90%」といった目安も表示されるため、注文をつけすぎないようにしようという意識も働きそうです。

スタイリング情報を入力した後は、料金メニューを選び、個人情報を登録して、申込完了です。あとは洋服が届くのを待つだけです。申込後、同社独自の「スタイリング提供システ

3　Tao & Xu (2018) 前掲論文でも、ファッション商品のリブスクを利用している消費者へのインタビュー調査を通じて「顧客が感じている提供価値」を明らかにしていました。その価値とは、身体のサイズを測定しておけば、サイズにあった服が届き、返却も容易であるという「利便性」、個人の好みにあったスタイリングサービスなどの「個人への最適な対応」（パーソナライゼーション）、届くまで何が選ばれているのかわからないという「ドキドキ感」、新しいファッションスタイルに挑戦しようとする「機会を設けてくれたこと」、このサービスを利用することで、アパレル商品に対する予算管理がよりうまくなったこと、などでした。

ム（詳しくは次節参照）」とスタイリストの提案によって3着が選ばれ、申し込み後数日で利用者に発送連絡メールが届きます。

（2）受取～利用

申込から3～5日以内に宅配業者から荷物を受け取ることができます。受け取った赤いエアークローゼットの袋を開ける瞬間は、「ワクワク」が最大限に高まっている瞬間です。サイトもしくはアプリのマイページで「受取」を選択すると、スタイリストからのメッセージとそれぞれの商品情報、また他の利用者のスタイリング写真も見ることができます（図表10－3）。スタイリストからのアドバイスも参考にしながら、届いた3着を上下セットで着てみたり、手持ちの洋服と合わせて着てみたりすることができます。

（3）評価～購入・返却

着用したら（好みに合わず、着用しない場合も）、感想を入力

図表10-2　無料診断　＊一部抜粋

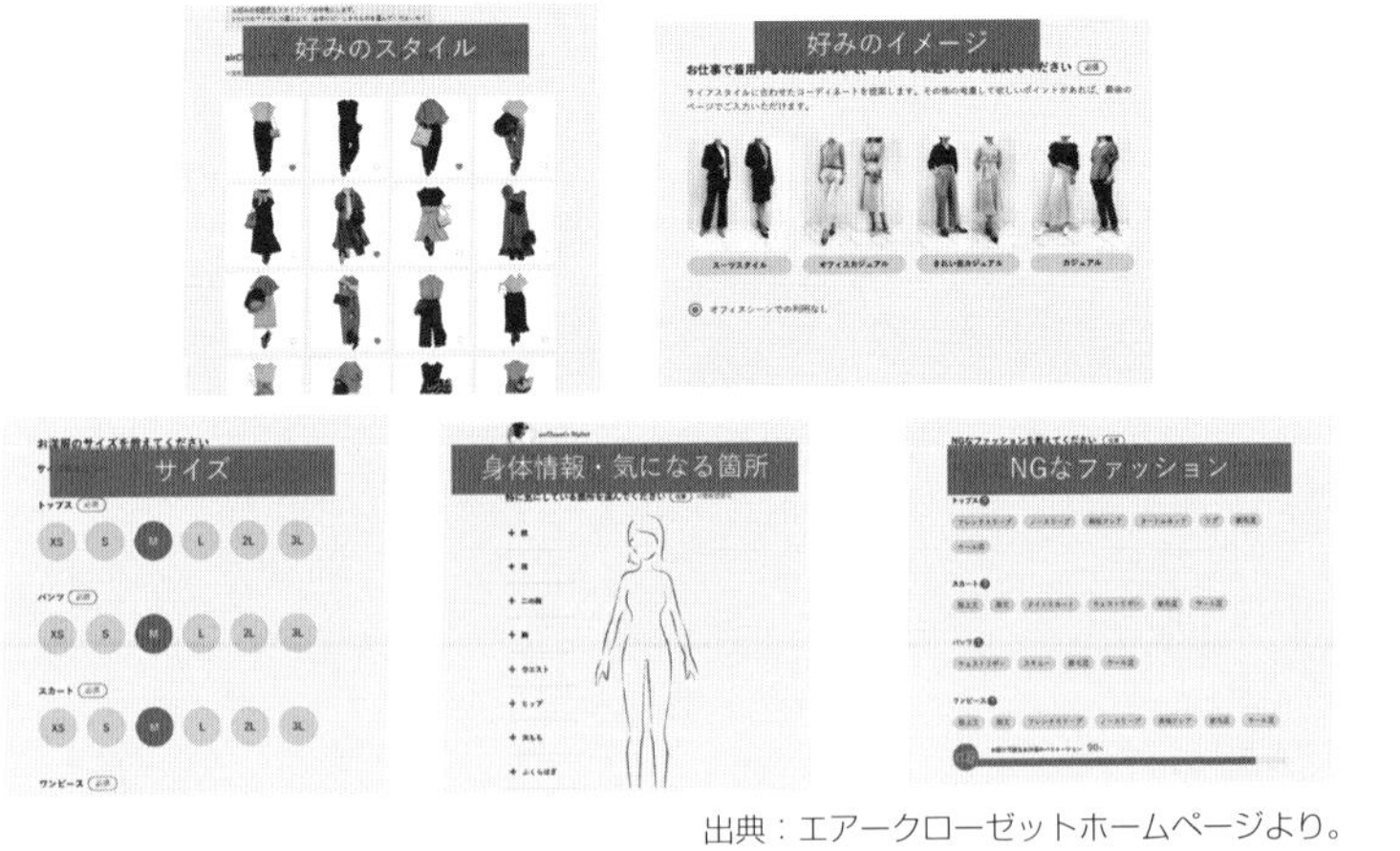

出典：エアークローゼットホームページより。

します。デザインのお気に入り度、カラーのお気に入り度、サイズ感、丈感、利用シーン、具体的なコメントを入力します。ここで回答された内容は、次回以降のスタイリングに活かされると同時に、スタイリストは利用者に合った洋服を届けることができたのか、という視点でのスタイリストの評価指標にもなっています。

また気に入った洋服はそのまま買い取ることができます。返却したい洋服は、同梱されている袋に入れて返送します。コンビニからの返送、宅配業者の集荷受取サービスなど多様な方法の中から選ぶことができます。

（4）2回目以降の利用

商品がエアークローゼットに返却された後、その2～3日後に次の洋服3着が届きます。複数回利用していくと前回の感想に書いたことが反映され、より自分好みのスタイリングの洋服が届くことに気づき、「自分のことをわかってくれている」という満足感を味わうことができます。なお、気に入ったスタイリストに再

図表10-3　届けられた商品情報　＊一部抜粋

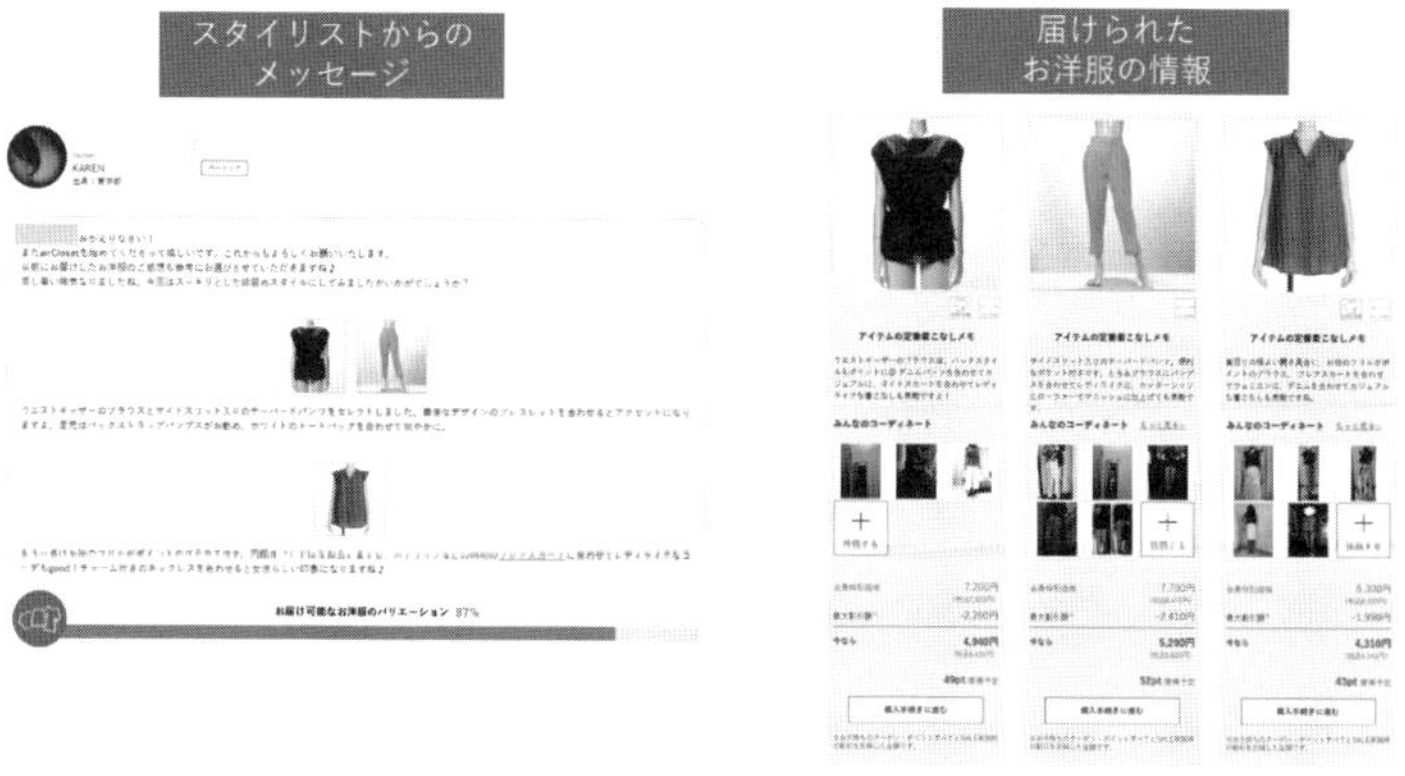

出典：エアークローゼット会員向けページより。

度依頼したい場合は、有料オプションで指定することもできます。

(5) ファッション全般への購買意欲の高まり

スタイリストが洋服に合うアクセサリーや小物を「ホワイトのトートバッグで合わせて」、「バックストラップパンプスがおすすめ」など具体的に示してくれるため、持ち合わせがない場合に購入してみようかという気持ちになり、エアークローゼットの利用にとどまらず、ファッション全体の購買意欲が高まっていくという実感がありました。

洋服が入った袋を開ける際の「ワクワク感」、新しい洋服との出会い、周りの人から褒められて嬉しい気持ち、ファッションの楽しさに出会う気持ち、このようなポジティブな感情を抱かせることができれば、それはエアークローゼットの提供するベネフィット（ポジティブな時間価値）を利用者が受け入れたということに他なりません。また、もし、気に入らなかったとしても、2回目、3回目のスタイリングでリカバリーすることができれば、利用者は「私のためのスタイリングサービス」としてエアークローゼットを認識するようになり、継続利用につながっていくと考えられます。この2回目、3回目のお試しができるのは、サブスク形態ならではの仕組みであるといえるでしょう。1回きりのサービスであれば、1回のお試しで終わってしまいますが、レギュラープランでは、1ヶ月で何度も利用できるため、多くの利用者はもう一度利用するはずです。[4] 2～3回の利用を経て「洋服を消費するため」にこのサービスを利用するのではなく、「私のためだけのスタイリング」や「洋服を探す手間を省き、時間価値を高める」というサービスの価値を通じて、自分のお気に入り・好きなものを見つけることができます。この継続利用の仕組みの中で、利用者はそのサービスのファンへと育っていくのです（図表10－4）。反対に、利用者がこの価値に興味を持たなければ離脱してしまうでしょう。

3 エアークローゼットを支えるもの

ここまでみてきたように、エアークローゼッ

図表10-4　カスタマイズを通じた関係性の向上

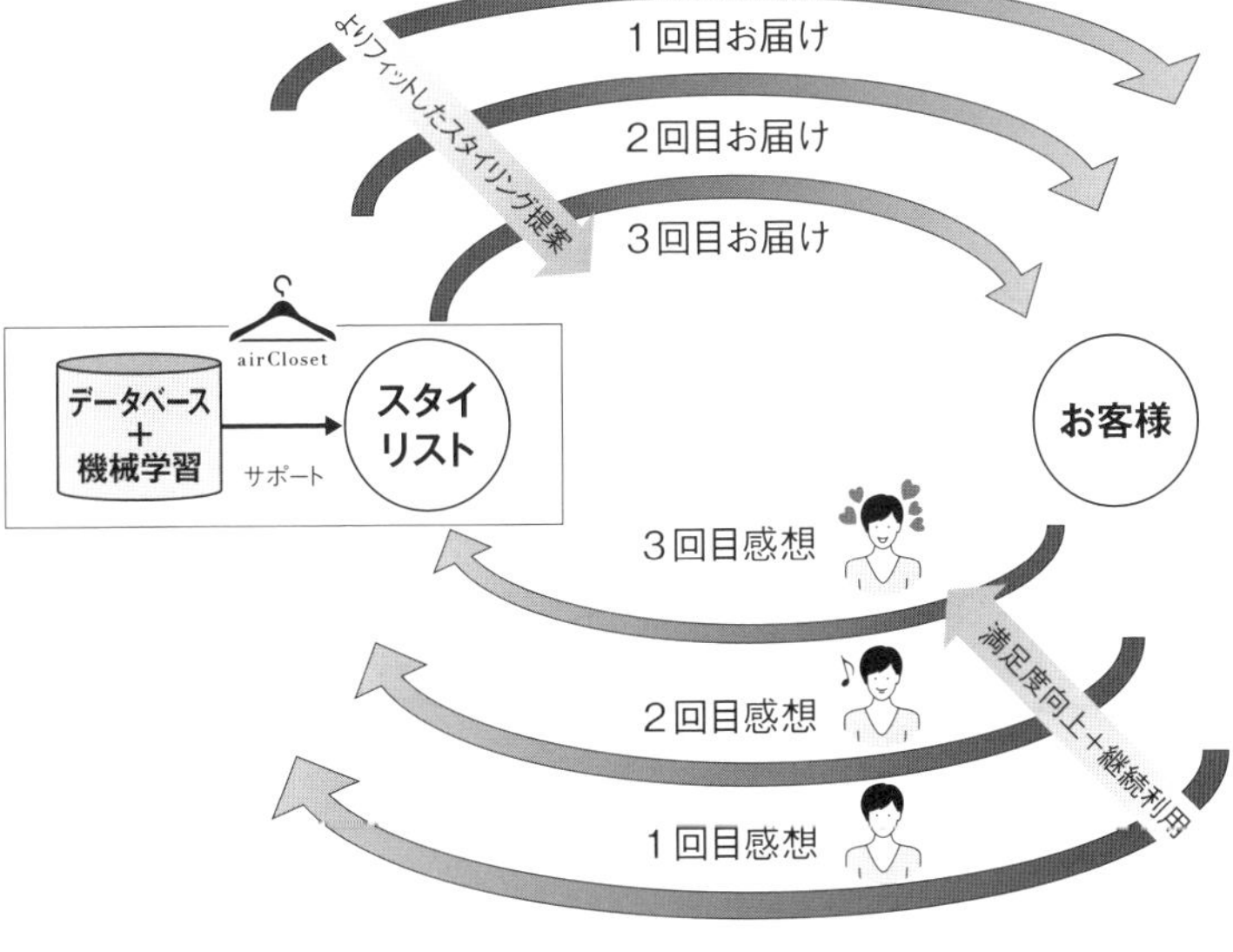

出典：インタビューに基づき筆者作成。

4　1ヶ月借り放題プランは、レギュラープラン、レギュラーパックプランが対象です。

トでは「パーソナルスタイリング」がサービスの肝となっています。このパーソナルスタイリングは、ＩＴ技術力、人材育成力、外部パートナーとの協業によって支えられています。サービスを支える仕組みを見ていきます。

(1) IT技術力

パーソナルスタイリングには、利用者の体型情報、好み、利用シーンだけでなく、トレンド、カラーリングなど様々な情報を最適化しなければなりません。またスタイリストは、エアークローゼットで取り扱う300ブランド35万点以上の洋服の中から3着を選ばなければなりません。このスタイリング作業をサポートする仕組みが「スタイリング提供システム」(特許番号特許第6085017号)です。会員登録時の情報、また利用後に入力する感想などを分析し、その結果に基づいてプロのスタイリストがコーディネートの提案を実施するまでの一連の情報処理を行うことのできる、エアークローゼット社独自のシステムです。これによって、利用者の好みに寄り添った、品質の高いパーソナルスタイリングを提供することを可能にしています。

(2) 人材育成力

インタビューによると、「スタイリング提供システム」のアルゴリズム改善に向けた研究に日々取り組んでいるものの、まだまだスタイリストの提案力には勝てない部分も多いそうです。「スタイリング提供システム」は、あくまでもスタイリストをサポートするものであり、スタイリストの提案力そのものが重要になります。そのためエアークローゼットでは、約300名のスタイリストへのトレーニングが徹底的に行われており、約1ヶ月の教育プログラムを受け、スーパーバイザーの厳しい審査に合格したスタイリストのみがデビューできる仕組みになっています。利用者からの評価をあまり得られていないスタイリストに対しては、スタイリストの実績データをもとに、各人の課題に合うフォローアッププログラムを実施しています。

また、これまで「パーソナルスタイリング」には特定の資格などはありませんでした。そこで天沼氏が発起人となり、モード学園、文化服装学院などのファッション関連の学校法人とともに、日本パーソナルスタイリング振興協会という社団法人を立ち上げました。2019年にはパーソナルスタイリングに関する基本知識を問う「TOPSS（トップス）」という知識測定制度も導入し、業界としてのパーソナルスタイリングの地位向上とスタイリストの知識向上を図っています。

これらの人材育成により「勝手に選ばれた3着ではなく、スタイリストがしっかりと考えて選んでくれた3着」だと利用者に感じてもらい、顧客満足度を高めていくことを目指しています。

（3）外部パートナーとの協業

エアークローゼットは新しいビジネスモデルということもあり、事業を立ち上げるにあたって多くの障壁を突破してきました。創業当初から単品管理の倉庫システム、クリーニングやメンテナンスなどの仕組み作りに取り組み、多くの協力企業を巻き込んで構築した座組は、他社には簡単に模倣できない仕組みとなっています。

さらに洋服そのものも、300のアパレルメーカー、ブランドと直接交渉をして契約をしており、自信を持って提供できる洋服のみを取り扱うことを徹底しています。エアークローゼットが「新しい洋服に出会う場」「ブランドに出会う場」であるということは、メーカー、ブランドにとっても新規顧客開拓、ブランドと利用者のマッチングにつながっています。エアークローゼットは、このことをブランド各社に理解してもらい、賛同を得た上で、洋服の提供を取り付けています。**サービスの骨格となるビジネスモデルと利用者に届けたい価値を、パートナー企業としっかり共有し、顧客価値を高めながら事業を推進していることが、エアークローゼットの強みの1つといえる**でしょう。

4　エアークローゼットの今後

エアークローゼットの主なターゲットである、働きながら子育てをする女性が今後も増えていくことを考えると、登録会員数は、まだまだ拡大する可能性があるでしょう。ただし、エアークローゼットを「洋服を手に入れる」ための単なる手段の1つであると捉えてしまうと、実店舗、オンラインショップ、メルカリのような転売サイトなど、様々な手段との競争になってしまいます。利用者には、エアークローゼットが提供する単なる購入手段を超えた、時間価値に魅力を感じてもらわなければなりません。

そのため、エアークローゼットの価値を最大限に伝えるために、ウェブサイトでは、利用方法がわかりやすく解説され、企業理念や企業姿勢、サービスで提供したい価値を訴求しています。それによって、より安心して利用でき、企業に共感する下地をしっかりと作っています。そして、利用者がサービスを継続するカギは、やはりパーソナルスタイリングされた3着です。1回のサービスではなく、1ヶ月間に何度も利用することのできるサブスクだからこそ、利用者は2回、3回と利用してくれます。この2〜3回の中で「パーソナルスタイリング」の価値に気づいてもらい、月7480円〜1万4080円を支払うことを受け入れてもらえるのかが、継続へのカギになっていきます。

現在、エアークローゼットでは、サービス開始当初の女性向けパーソナルスタイリングサービス事業から次々に拡張を進めています。ビッグサイズ用の女性アパレル、男性も利用できる「airCloset Mall」など、利用ターゲット層も徐々に拡大しています。エアークローゼットは単なる「洋服を手に入れる」という手段の1つではなく、自分の「好き」を見つける手伝いをしてくれ、ファッションへの関心をより高めてくれる、そんな心を豊かにしてくれるサービスをこれからも提供してくれることでしょう。

第10章のポイント

- 顧客のコストや手間を省きながら、ワクワクする時間を最大化することがエアークローゼットの提供したい「時間価値」である。
- 顧客一人ひとりに合ったパーソナルスタイリングサービスはサブスクだからこそ実現できる。
- IT技術力による独自のシステム、スタイリストの人材育成、外部パートナー企業との協業がサブスクビジネスの基盤を支えている。

第11章

よいものが、循環する社会へ：サブスクライフ

出典：ソーシャルインテリアより提供。

第11章と第12章では、家具を取り扱う企業事例を取り上げます。第11章では、プラットフォーム型ビジネスで様々なメーカーの家具や家電のサブスクを運営する株式会社ソーシャルインテリアのサブスクライフについて、第12章ではＳＰＡ（製造小売業）モデルで自社商品を扱う株式会社良品計画が展開する家具のサブスクについて紹介します。両社とも「人々の生活を豊かにしたい」という想いは共通していますが、アプローチ方法は異なります。どちらが良いかという比較ではなく、企業の成り立ち、ビジネスモデルや企業ステージによってサブスクでの提供方法も異なります。読者の方には、自身が抱える課題をより解決できるアプローチ方法を参考にしていただきたいと思います。

1　創業の想い―「よいものが、循環する社会へ」―

サブスクライフを運営する株式会社ソーシャルインテリアは、２０１６年に町野健氏によって設立されました。インタビューによると、創業のきっかけは、町野氏が引越しのタイミングで家具探しをしていたときだったそうです。「名前は知らないメーカーだけど、良い家具がたくさんある。でも色々と揃えたいと思ったら、かなり高額になってしまう。とはいえ、値段は安くても品質のあまり良くない家具が欲しいわけではない。このような想いを持った消費者は多いのではないか」と思ったことが、家具ビジネスを始めるきっかけとなったそうです。

株式会社ソーシャルインテリアの企業ビジョンは「よいものが、循環する社会へ」です。その想いを町野氏に語っていただきました。「家具に限らず、資本主義社会（キャピタリズム）の世の中では、デフレと大量生産低価格販売の波で安い商品が大量に市場に流通しています。これまではそれがもてはやされてきました。しかし、人は安いモノを買うと、そのモノに愛着は湧かないと思うんです。家具についても同じで、安い家具が部屋に増えてしまうことで部屋の質が下がっていくと思っています。世界の中でも、日本はインテリアにお金を使わない国です。家の中にもっと投資する文化へ変えていった方が良いと思っています。また、日本には良いものを作っている家具メーカーさんがたくさん存在していますが、量販店の家具に比べると価格が高い。これを**『買いやすい』形にすることで、高いものも手に入れやすくし、良いものを長く使える環境を作ることで『豊かな生活』を送るお手伝いをしたい**と考えています」。

現在、株式会社ソーシャルインテリアでは、一般消費者向け（B to C）に家具のサブスクである「サブスクライフ」と、家具メーカーのアウトレット品やリユース家具を引き受けて販売する「サブスクライフ オフプライス」の2つの事業を行っています。また、企業向け（B to B）にも、家具のサブスク「ソーシャルインテリア オフィス構築支援」を展開しています。本書ではB to C事業について詳しく紹介していきます。

サブスクライフでは、通常のリースやレンタルと違い、新品の商品を手に入れることができます。所有権を購入者に移転させない契約形態で、分割払いで支払うことで、月々の負担を少なくして利用することができます。そして、利用契約期間が終わった際には、そのまま継続利用もできますが、不要な場合は、サブスクライフに処分を任せることができます。回収した家具は、リユース家具としてサブスクライフ オフプライスで二次流通させます。このようなサービス設計により、「よいものが循環する」仕組みを実現しています。従来のサブスクとは異なり、高額で購入頻度の低い商材である家具を対象とした新しい形のサブスクということで、2020年12月には『日本サブスクリプションビジネス大賞2020[1]』でブロンズ賞を受賞しました。

2 良い家具を『負担を軽く』利用する

サブスクライフは、20~40代を中心に幅広い年代で利用されています。家具は、結婚、引越し、出産などのライフイベントに合わせて利用機会が増えていきます。さらに「バルミューダ」(BALMUDA)や「ツインバード」(TWINBIRD)のような人気家電なども利用者数を伸ばしています。

サブスクライフが支持されているポイントは主に2つで、1つ目は商品の定額以上の支払いを

1 一般社団法人日本サブスクリプションビジネス振興会(東京都渋谷区、代表理事:佐川隼人)が運営。サブスクリプション型のビジネスを運営している企業がエントリーし、サブスクリプションビジネス振興会および有識者の審査を経て、その年に最も躍進を遂げた企業を表彰する公募型の大賞です。

求めない、金利のない形での月額分割払いである点です。契約期間を3ヶ月から24ヶ月までの間で選ぶことができるため、月々の分割払いを自分で支払可能な金額に設定することができます。2つ目は、家具の処分をサブスクライフに任せることができる点です。通常、家具が不要になった際には、粗大ゴミとして、市区町村の窓口などを通じて回収業者に有償で引き取ってもらわなければなりません。そしてこれらの回収された家具のほとんどは、埋め立てられて処分されています。しかしサブスクライフでは回収して、次の利用者に渡すところまで対応します。

2020年以降は新型コロナウイルスの流行で、外出自粛やリモートワークの増加により、家での時間が増え、良い家具を利用したいというニーズが高まりました。また、昨今のSDGsへの注目により、良いものを長く使いたいという消費者意識の高まりとも相まって、利用者の気持ちやお財布にも「負担を軽くする」形で、良い家具や家電を提供することができる、というサブスクライフのサービス内容が顧客ニーズに合致したようです。

インタビューによると、一度利用すると2回目以降の利用へのハードルは各段に下がるようで、利用者の多くがリピート利用しているようです。家具や家電という商材上、長期的な動きは見込みではあるものの、今後もライフステージの変化などで様々な利用の広がりが考えられるということでした。

ここで、実際の利用者の声を、同社が実施した調査結果より抜粋します。

■一軒家（持ち家）で暮らす東京都在住、男性（40代）

憧れの家具を実際に家に置いてじっくり検討できるのはありがたい。SNSでサービスを知り、月2750円で借りられるテーブル（小売価格6万8040円）をお試し中。木目がはっきり出ている個性的なテーブルだが、他のインテリアとも調和しており、購入も考えている。家を建てたのは4年前。まだ下の子が乳幼児でセンターテーブルは置けなかったし、当時は北欧家具に凝っていたが、5年スパンで（家具の）好みが変わることに気づいた。

■東京都在住、女性（30代）

商品を選んでいるときに感じたことなのですが、「借りるのだ」と思うとデザインもチャレンジしやすかったです。普段であれば失敗したくない意識から躊躇するデザインでも、返却できるならトライしてみようかな？と思えました。

また、実際に暮らし始めてから感じた事です。ふとしたときに「なんて素敵な部屋なの！！！」と感じられる喜びといったら！良い家具を使えば生活の質が上がるのは当然なのですが、使い勝手だけではなく、暮らしている間の気持ちも上向きにさせてくれるのだと気づきました。

家具を負担の少ない金額で入手することができるため、良い家具にトライすることへのハードルが下がるという点で満足できるだけでなく、日々の暮らしの中で生活の質の向上を実感することができている方も多くいるようでした。サブスクライフを利用した生活は高価で良質なものに囲まれる物質的な豊かさだけでなく、心の豊かさにもつながっているといえるでしょう。

BtoBサービス「オフィス構築支援」についても触れておくと、当初、中小企業からの利用申し込みが多かったそうです。中小企業ではオフィスの環境を整えることも経費として重くのしかかるため、分割払いで利用ができる仕組みは、キャッシュフローを改善させることができます。さらに、企業向けにコーディネートサービスも提供し、より良いオフィス環境を提供することで、多くの企業に支持されています。新型コロナウイルスの流行をきっかけに働きやすいオフィス環境の定義が大きく変わったため、最近では、大手企業からの相談も増えています。

3 家具メーカーと作る循環型社会（サーキュラー・エコノミー）

次に、利用者への価値提供を実現するためのビジネスモデルについて考えていきたいと思います。前述したとおり、サブスクライフの大きな強みの1つはリースやレンタルと違った、独自の分割払いの仕組みを構築していることです。通常、リースを申し込む場合は審査が必要となりますが、サブスクライフの場合は審査不要で[2]申し込むことができ、サービス利用のハードルを下げることができるようになっています。

もう1つの強みは、国内家具メーカーの7~8割をカバーする600ブランドとの取引を行っていることです。サブスクライフは創業当初、自社商品を開発していましたが、家具にはブランド、イメージ、色、形など非常に多くのバリエーションが必要になるということに気づき、早々にビジネスモデルを家具メーカーから仕入れる形に変更したそうです。多くの家具メーカーはものづくりに特化しています。そのため、オンラインでも販売していくとなると中小家具メーカーでは負荷が大きくなります。そのような**家具メーカーの代わりに、サブスクライフがプラットフォームとして家具や家電をサブスクする場を提供することは、家具メーカーにとっても消費者との接点の1つになるというメリットがあります。**

サブスクライフで利用された後の商品は、サブスクライフ オフプライスで次の利用者に渡していきます。ここにシェアリングの要素が含まれています。サブスクライフ オフプライスでは家具メーカーの型落ち商品やアウトレット商品なども取り扱っており、このサービスでの収益の一部はメーカーにも還元される仕組みです。家具メーカーにとっては、長く使える良いものを作れば、一度売ってしまって終わりではなく、二次流通も含めて、複数回にわたりお金が入る仕組みになっています。

2　一部、審査が必要です。

さらに、昨今では環境問題への対策を業界全体で取り組んでいく必要性も高まっています。町野氏はインタビューの中で、今後の見通しとして、木材家具の販売や廃棄に規制がかかる可能性があるといい、家具の再利用を促進するような、循環型社会の仕組みを家具業界でも進めていくことは、今後避けては通れない社会課題となると指摘しています。長持ちする良い商品を作る家具メーカー、それを利用しやすい仕組みを作るサブスクライフ、そして、利用後はサブスクライフ オフプライスで次の利用者に渡していく仕組みは、同社だけでなく、家具メーカーと一緒に作り上げていく新しい経済の仕組みともいえます（図表11－1）。

4 サブスクライフの今後

サブスクライフはサービスがスタートしてからまだ年数が浅いため、現在は成長段階にあります。まずは自社のビジネスモデルを市場に浸透させ、利用者を拡大することが当面の目標です。一方で、

図表11-1　サブスクライフの循環型ビジネスモデル

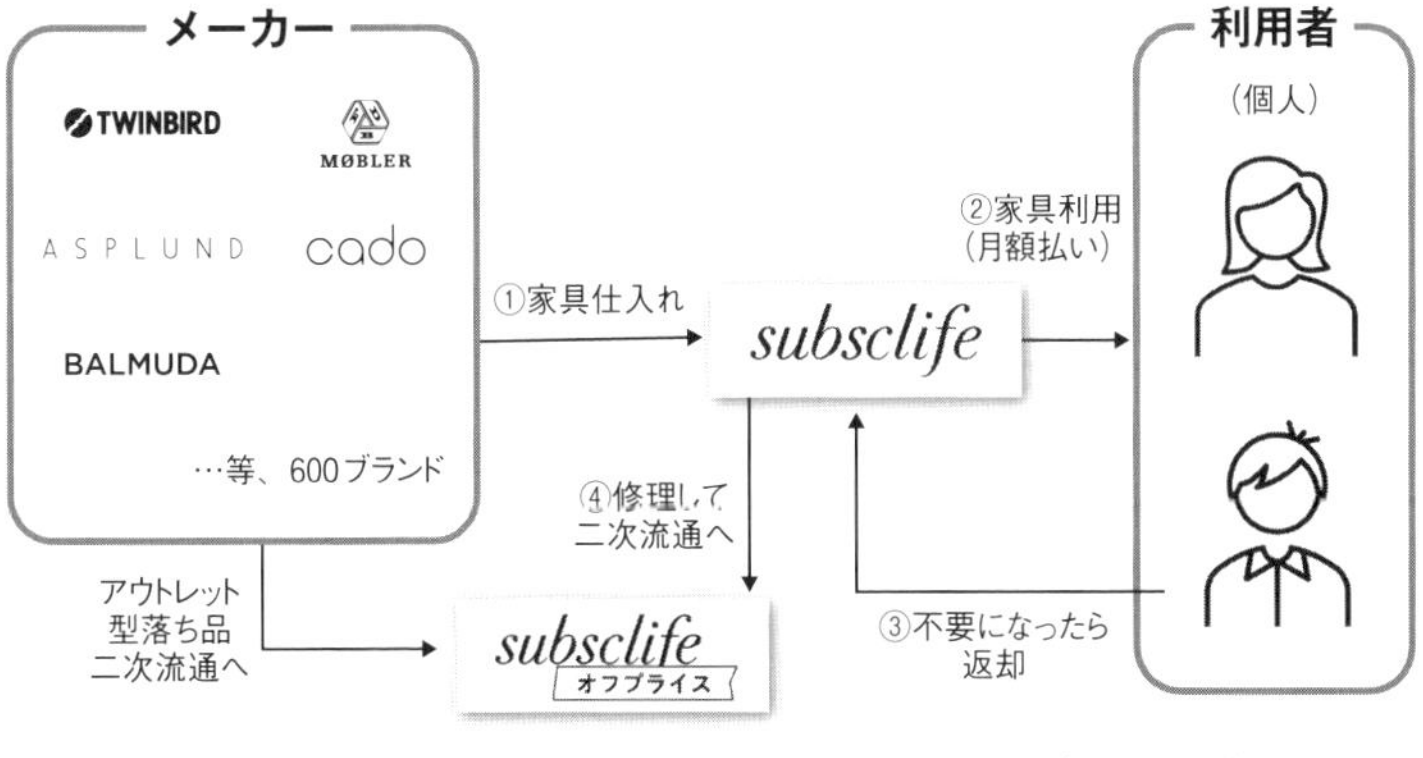

出典：インタビューに基づき筆者作成。

新規ブランドの開拓や、家具、家電だけでなく、インテリアの取り扱いの拡充なども積極的に進めていく予定です。

まとめると、サブスクライフのサブスクとしての特徴は、支払期間中は所有権を購入者に移転させず、高額商品である家具を負担の少ない支払方法で提供することで、家具購入のハードルを大きく下げていることです。**お試し利用や気分転換のためではなく、長く使える良い家具、家電をサブスク型で買いやすく提供し、使い終わったら、次の必要な人へ渡していくというシェアリングの要素を含めた循環型のビジネスモデルは、今後家具だけでなく、様々な市場でも応用される1つの新しい形になっていくでしょう。**

第11章のポイント

- 高額で新品の家具を、所有権を移転させない契約により、負担の少ない金額で利用できる。
- 不要になった際には、回収してもらえるため、廃棄の手間も削減される。
- 回収した家具は二次流通へ展開するため、シェアリングの要素がビジネスモデルの収益性を補完する。家具業界全体に循環型経済モデルを形成していく。

第12章

くらしの基盤を整える：無印良品

出典：無印良品の月額定額サービスホームページより引用[1]。

※この事例における良品計画の無印良品では、消費者のことを生活者と呼んでいます。この章では「消費者」を「生活者」に置き換えて読んでいただければ幸いです。

1　無印良品ホームページ（https://www.muji.com/jp/ja/store/monthly-plan：2022年3月21日アクセス）。

1　サブスク事業の背景にある「3つのわけ」

無印良品は、1980年にスーパーマーケット西友のPB（プライベートブランド）として生まれました。その後、株式会社良品計画が設立されましたが、誕生以来、無印良品のものづくりの基本となる考え方は環境・社会に配慮した「3つのわけ」、①素材の選択、②工程の点検、③包装の簡略化、を守りながら商品を作り続けています。地球環境や生産者に配慮した素材を選び、すべての工程において無駄を省き、本当に必要なものを本当に必要な形で消費者に提供することを目指した、実質本位のものづくりです。2021年からは「第二創業」ということで地方創生にも力を入れています。道の駅への出店や過疎地域での移動販売などを通して、全国津々浦々の消費者が無印良品と接点を持ち、「感じ良い暮らしと社会」の実現に向けて、事業展開を進めています。

本章で取り上げる無印良品の月額定額サービス（家具のサブスク）は、「お客様のより良いくらしの基本となる商材で、必要なものを必要なときだけ利用する」という提案の1つとして、2021年の1月から始まりました。立ち上げに際しては、すでにサブスク事業を展開している企業へ繰り返し取材を行い、事業の仕組みを固めたそうです。無印良品のサブスクでは1～4年の契約期間から好きな期間を選ぶことができ、その期間によって月々の支払金額が決まります。例えば脚付きマットレスは月額560円〜で利用することができます。利用期間終了後は、返却・契約延長・買い取りのいずれかを選ぶことができ、返却の場合は無印良品が回収してくれるため不要な廃棄やゴミを出すことなく利用することができます。中込金や預かり保証金（デポジット）などもかからず、月々の支払いも少額になるため、購入に比べて初期費用を抑えることができます。

サービス開始以来、多くの申し込みがあるそうです。**家具をサブスクで利用することによって家具の買い替えや処分が不要となり、また回収した商品は部品のメンテナンスや、クリーニングを経て生まれ変わり、再び消費者に提供されるため、間接的に環境保護に貢献することができます。**1つの商品を1人のお客様に売っていた従来のビジネスとは異なり、1つの商品を循環的に複数のお客様に提供することは、企業としても、社会としてもメリットがあるといえるでしょう。この点は、無印良品のものづくりの「3つのわけ」コンセプトにも合致しています。

ここまでサービスの概要を説明してきましたが、次節では事業展開する上で重要な、ターゲットやサービス設計について詳しくみていきます。

2 必要なときに必要なだけ。くらしの単位に合わせた無印良品のサブスク

無印良品のサブスクのターゲットは、新たに生活を始めるすべての方です。例えば、大学生の一人暮らしは基本的には入学から卒業までが一区切りになりますが、家具については卒業や引越しのタイミングで廃棄されてしまうことが多いといわれています。**利用する期間がある程度決まっている中で、その期間に対応したサービス、つまり必要なときに必要なものを必要なだけ提供するということを、無印良品のサブスクは実現します。**コロナ禍の影響もあって、学生やその家族の経済的な負担を少しでも軽減したいとの想いもあったそうです。また、若い層ほどリユース商品に比較的抵抗が少なく、このサービスとの相性がいいようです。

上記のような想定から、サービス設計がなされています。前節で紹介したとおり、契約期間は1～4年の年単位ですが、他社サービスでは1ヶ月単位が多いです。これはくらしの単位が「年」で構成されることが多いと無印良品では考えているからです。大学入学から卒業までの4年間を最長期間として設定しており、実際の申し込みのうち4年契約が約半数を超え、次いで2年契約が選ばれています。2021年9月時点では、脚付マットレスやデスク、チェアなど汎用性が高く、回収して再利用できる、くらしの基本となる商品をサブスクで展開しています。無印良品の

家具のサブスクは、気分に合わせた模様替えというよりも、くらしの基本となる商材を、くらしが変わる単位（年単位）で提供していくことを考えています。生活を彩るサブスクというよりも、生活の基盤になるサブスクを目指してサービスが設計されているのです。

利用者の具体的なメリットとしては、初期費用の負担軽減と廃棄コスト（金銭、手間）の軽減です。出費が何かと多い新生活で、ベッドに一括で3万円支払うのは負担になります。それはお金の出し手となることの多い親の家計においても同じことです。また大学を卒業して引っ越さなければならなくなったときには、粗大ゴミとして廃棄する場合はお金もかかりますし、回収の予約などの手間もかかります。その点、**サブスクであれば、定額の月額料金で初期費用を抑えることができ、返却の際には無印良品が回収してくれるので、コストや手間もかかりません。**このような現実的なメリットを重視する層も考慮して、サービスを展開しています。

3 「無印良品があるくらし」の入り口に

サブスク事業開始のきっかけは、ある新生活プロモーションのために学生へ調査を実施しているときに多く聞かれた「一人暮らしを始める際に、たくさんの出費があるので困った」という声でした。新しい暮らしを始めるタイミングで、初期費用を抑えて無印良品の商品を提供できれば役に立つ、と考えられて作られたのが月額定額制のサブスクです。

比較的価格が高い家具などの商品では、初期費用が下がることで利用のハードルを下げることができ、普段、無印良品と接点があっても家具の購入には至らなかった消費者にも興味を持ってもらう機会を増やすことができます。無印良品のサブスクは、新生活を始めるタイミングで「これから自分の生活スタイルを創っていきたい人」に向いているでしょう。これから創っていくくらしの中心に置くようなテーブルやベッドといった家具を、初期費用を抑えて提供することで「無印良品があるくらし」をより多くの消費者に提供しています。

また**無印良品のサブスクは年単位での契約となるため、継続的に消費者とコミュニケーションが取れる環境になります。そのため、例えば自社が提供するアプリ「ムジパスポート」（MUJI passport）などを介して、より利用者に合った提案を行うといったことも可能になります。**その中で家具だけでなく、衣服・食品・生活用品など家具以外のカテゴリーの商品をおすすめしながら、くらしの中にもっと無印良品を取り入れてもらうための提案をすることもできます。これは無印良品が衣・食・住といった様々なカテゴリーの商品を取り扱っているからこそ実現可能なポイントです。取り組み自体はまだ始めたばかりのものもありますが、サブスクの利用者との長期的な関係性の中で生活スタイルをまるごと提案することが可能な点は、無印良品ならではの強みといえるでしょう（図表12－1）。

SPA（製造小売）企業としても、サブスクを提供するメリットがあります。開発した商品を届け、利用後は回収するまでのオペレーションや業務などを、自社の責任の範囲で提供できることがその特徴です。今回の家具のサブスクの場合、自社で製造したものを配送し、使用後に回収したものをリサイクルして、別の顧客に提供するという全行程を無印良品が担うことで、環境負荷の削減に取り組むことができ、さらには、利用者の声を直接聞くことで製品の改善にも活用できます。インターネットでの申し込みができるようになれば、全国津々浦々の消費者に利用してもらうことも可能となるでしょう。最後に、今後の展開についてみていきます。

4　循環型の商品提供で、くらしに溶け込む無印良品

無印良品のサブスク事業は2021年1月にスタートしたばかりで、本書執筆時点（2021年9月）ではまだサービス開始から1年も経っていませんが、ビジネスの考え方としては繰り返し

図表12-1　無印良品のサブスク事業と既存事業との関連

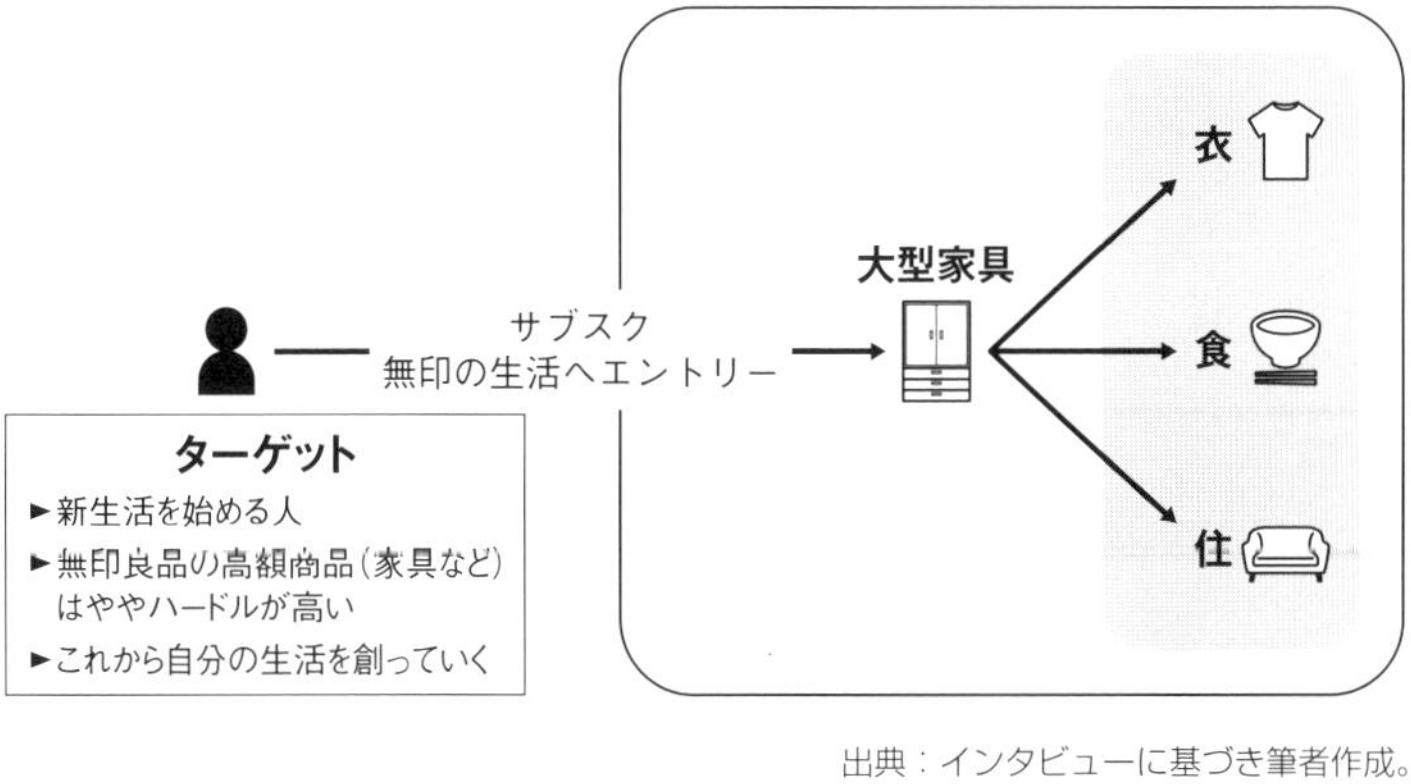

出典：インタビューに基づき筆者作成。

使える、環境負荷の少ない循環型の消費に重きが置かれています。今後は、モノを複数の人と循環して共有できるかどうか、つまり一度貸し出したものが返ってきたときに、次の借り手が使えるような状態で展開できるかどうかを検証していく段階になっていくでしょう。返却の際の的確な受け取りや、次の利用者への滞りない受け渡しといった物流の設計、できるだけ無駄なものを使わない商品デザイン（設計）、環境に配慮した梱包なども重要なテーマとして考えられています。また今後、無印良品の他のカテゴリーの商品もサブスクとして提供することができれば、くらしの基盤を支える無印良品の役割がますます大きくなっていくことでしょう。

並行して、前節で示したように長期契約の利用者に対して無印良品全体として価値提供できるような仕組みを実装していくことも重要になると考えられます。**最長4年間の接点の中で、どのようなタイミングでどのような生活を提案するかによって、衣食住の横断的な生活提案が可能になるはずです。**そのときにこそ単一カテゴリーの取り扱いにとどまらない、様々なカテゴリーの商品を扱っている無印良品の真の強みが発揮されると考えられます。無印良品にとって、**新しいファンを生み出すための起点として、サブスクは重要な役割を担っていく**でしょう。くらしの基盤となる商品を循環的に提供しながら、他の商品カテゴリーと共にくらしに溶け込む無印良品のサブスクの動向に今後も注目していきたいと思います。

第12章のポイント

● 消費者の「くらしの単位」(1～4年)に合わせてサービスを設計している。
● 様々な消費者に利用してもらうきっかけとなるサブスク型の料金体系の仕組みと、回収の手間やコストを抑え、再利用するシェアリング型の取り組みは、環境への配慮につながる。
● 様々なカテゴリーを取り扱っている場合、顧客との長期的な関係性を前提に、他のカテゴリーの商品を提案することで新しいファンの育成につながる。

第3部

「持たない時代」のマーケティングに向けて

第13章

サブスク、シェアリング・サービスの提供価値

1 ここまでのふりかえり

この章では、第1部、第2部を通じて明らかになったことをふりかえりながら、サブスクやシェアリング・サービスについて考えていきます。まず、ここまでを整理しておきます。

第1章では、「持たない消費」の代表として、サブスクやシェアリング・サービスが登場しつつあること、その背景には4つの環境要因が大きく関係していることなどについて紹介しました。この「持たない消費」のあり方は、これまでモノを買うために費やしてきた時間やコストの考え方を大きく変えようとしています。これらをふまえ、第2章で「持たない消費」の定義を「所有権の移転を伴わず、オンライン・プラットフォームを通じて、継続的な契約関係を通じた利用」としました。

第3章ではサブスクの利用実態とともに、カテゴリーやジャンルの違いで消費者が求める要素（利用理由）は大きく5つのグループに分類されることがわかりました。特にサブスクの場合は、消費者に利用し続けてもらうことが利益の回収につながることから、消費者が実際にサブスクを利用しているときの気持ちが、満足度にどのように影響するのかについても深く分析しました。その結果、「ライフスタイルの充足度」が満足度に大きく関係することも明らかになりました。

第4章ではシェアリング・サービスの利用実態について確認しました。シェアリング・サービス利用者は、サブスク利用者と類似の傾向がありましたが、他の消費者との「つながり」をより強く感じていることや、「環境への配慮意識」がサブスク利用者に比べて強いこともわかってきました。これらの調査や先行研究からわかってきた、持たない時代の消費者の価値観をもとに、第5章で消費者のタイプの違いを分析したところ、「5つの消費者タイプ」（❶生活しっかり層、❷いろんなモノを試すのが大好き層、❸モノにこだわらない層、❹好きなモノだけに囲まれたい層、❺自己充実・実現層）が存在することがわかってきました。それぞれのタイプは、サブスクやシェアリング・サービスの利用状況も異なっていましたので、より具体的な消費者イメージを把握していただくために、生活者インタビューの結果や購買履歴データをもとに、消費者の特徴を存在感のある個人イメージの「ペルソナ」として、第6章で紹介しました。持たない時代の消費者像がうまく伝わったでしょうか。

続く第2部では、カテゴリーやジャンルで求められる要素の違いによる5つのグループに沿って、企業の取り組み事例を取り上げ、その提供価値について紹介してきました。取り上げた企業は、「モノ」のサブスクやシェアリング・サービスで成長しつつある企業です。取り上げた企業にメーカーが含まれていない理由は、まだ継続して成長し続けている企業を発見しきれなかったため、現在のサブスクやシェアリング・サービス市場で成長しつつある企業から学ぶという目的で、該当する企業を取り上げてきました。次の節では、ここまでの内容の要点をまとめながら説明していきます。

2 利用シーンや頻度による整理

本書で大切にしてきた点は、消費者がサブスクやシェアリング・サービスを通じて得られる価値とは何なのかを明らかにすることでした。一方で、サービスを利用することで削減される手間や労力、時間も消費者にとっての価値につながります。そこで、カテゴリーやジャンルの違いで分けた5つのグループ（図表3－3、47頁）を、求められる要素と（事例からわかってきた）提供価値を含めて整理していきます。

まず、映画や音楽、雑誌などのコンテンツ系のサブスクに多くみられたのは「金額を気にせず色々な種類が使用できる」「色々なモノを好きなだけ使用できる」などの理由でした。飽きさせない工夫としては、新作や品揃えの豊富さが重要になってきます。

自動車や宿泊、ホテルなどの利用頻度が少ないものは、「必要なときに利用できる」「メンテナンスの手間が省ける」「1回あたりの使用額がお得」などの理由が、シェアリング・サービスの項目も同じように、「節約やコスパの高い生活が可能になること」や「所有からの解放」などがメリットとしてあがっていました。それに伴って、エアビーアンドビーやカレコなどの事例を通じて企業がどのような価値を提供しているのかを検討しました。エアビーアンドビーは、ユニークな物件とホストのおもてなしの心、地域との関わりから生まれる「体験価値」を、カレコは自動車を所有しなくても、「必要なときに、すぐに使える」という即時性、あるいは、アクセスのしやすさという価値を、それぞれ提供していました。

カジュアルファッションや家具などでは、「購入前にお試しできる」「自分では選ばないものを利用できる楽しみ」などの理由が関係していました。事例として紹介したエアークローゼットは、ファッションを楽しみたいけれど、忙しくてファッションのトレンドを調べたり、洋服を探したりする時間がなかなか取れない女性のために、好みに合う洋服を選んで送ることで、ワクワクする時間や楽しい時間といった「時間価値」を提供していました。家具については、サブスクライフと無印良品の取り組みを調べました。サブスクライフは、世の中が安価なモノで溢れるとモノに対する愛着が薄れていくことを嘆き、ステキな家具を利用しやすい金額で試してもらうことで「豊かな生活を彩る」という価値を提供しています。同様に、無印良品も、色々とお金がかかる新生活を始めようとする大学生などに対して、家具の購入や処分にかかるコスト（費用）の負担を大幅に下げることで、生活の基盤を支えるという価値を提供しています。

キャンプ用品やスポーツ用品、着物やドレスなどには、「利用期間が短いモノ」「高額で買えないモノ」が利用する理由としてあがっていました。高額な着物などはレンタル市場で多く利用されてきたモノですが、いずれも一時的なニーズという点で共通しています。本書では、この一時的なニーズ（しかも急に必要になるシーン）として「アイカサ」のサービスを取り上げて紹介しました。アイカサは、駅や大学のキャンパスなどに、出先での急な雨に対応できるシェア傘を用意することで「必要なときにすぐに、買うよりも安く使え、不要なモノの購入を減らしながら移動を快適にハッピーにする」という価値を提供しています。

食料や飲料、化粧品やメガネなどは利用頻度が高いことから、「繰り返し購入する手間が省ける」、「自分に合ったモノがおすすめされる」などの手間の削減と嗜好性に合うことが理由としてあがっていました。食品や飲料に関する事例としては、キリンの「ホームタップ」が注目されています。ホームタップは、キリンビールを愛している消費者に「本当に美味しいビールをいちばん美味しい状態で飲む」という価値を大切にしています。そのために、バラエティに富んだ異なる味のビールを定期的に届けることで購入の手間を省きながら、美味しさを通じた楽しい食卓を提供しています。「オイシックス」も同様に、有機食材を定期的に定額で届ける会員サービスを展開しています。スーパーではあまり取り扱わない珍しい野菜などが特徴で、彼らが提供する価値は、有機野菜の宅配を通じた「豊かな食卓」です。常に顧客と対話を続けることで、新商品の開発やサービスの改善につなげ、長期的な関係構築に成功しています。[1]

1 「『新たな価値を提供するサブスクサービス』オイシックス：ユーザーとつながることで、豊かな食卓を実現」（https://ebisu-hatsu.com/5158/：2021年9月16日アクセス）。

なお、世の中にはエアビーアンドビーのように、純粋なCtoCのシェアリング・サービスはまだ少なく、企業が用意したモノを消費者同士で共有して使うというサービスが多いこともわかりました。そのため、実際にシェアリング・サービスを利用している消費者もまだ少ない傾向にあります。しかし、企業の取り組み事例から、企業によってはサブスクにシェアリングの考え方を含めたビジネスモデルを設計していることもわかってきましたので、第14章で併せて議論します。

このように、商材によって、利用する理由が異なること、そこで提供すべき価値がわかってきました。しかし、商材ごとに検討しているとキリがないので、本来の目的である消費者行動の視点に立ち戻って、提供される価値を利用シーンや頻度で整理しました（図表13－1）。利用シーンに沿った存在であり続けることが、他社へのスイッチングを防ぐことにもつながります。次節では、消費者が得られる価値についてもう少し検討します。

図表13-1　利用シーンと提供される価値

利用シーン（頻度）	商材	提供される価値
気軽に色々と試したいモノ	映画や音楽、雑誌など	・品揃えの豊富さ、新しさを通じた楽しい体験や知識
利用頻度が少ない、高価格なモノ	自動車、宿泊、ホテルなど	・ユニークな体験 ・所有するコストを減らし、アクセスしやすさによる課題解決
やや高価格で、選ぶことに時間がかかるモノ	カジュアルファッション、家具など	・選ぶ手間を削減し、ワクワク、楽しい時間 ・利用しやすい金額で試せることで、豊かな生活、生活基盤を提供
必要なシーンが限られる、一時的に必要なモノ	キャンプ用品やスポーツ用品、着物など	・急に必要になったときに、アクセスしやすく、不要な購買を減らす
利用頻度が高いモノ	食料や飲料、化粧品やメガネ、花など	・定期的なお届けで手間を削減 ・生活を潤す、彩る、豊かになれる時間

出典：筆者作成。

3　消費者が得られる価値と問われる企業の存在価値（パーパス）

消費者が得られる価値は、分母に時間や手間、費用といったコスト、分子に得られる体験価値や課題解決などのベネフィットを置いて示されることが多いのですが（図表13－2）、**サブスクやシェアリング・サービスは、まさに分母にかかる時間や手間、費用といったコストの部分を削減しつつ、得られるベネフィットを最大化しようとするため、消費者にとって非常にメリットが大きいといえます。**

通常、私たちは日々モノを買うときに、「その選択は本当に正しいのだろうか」という「選ぶ勇気」を迫られます。単価が安い飲料や食品の場合は、少し失敗しても費用的な痛みは小さいので、新商品が出れば挑戦したり、普段とは違う商品を選んだりすることもできます。しかし、価格が高くなるほど、じっくりと比較検討を重ね、クチコミを参考にし、実物を見ては悩み、購入したモノが本当に正しい選択だったのかと、買った後も後悔することや気持ちが揺らぐことさえあります。

モノを購入する際には、費用的なコストだけでなく、そういった検討する時間（色々と悩むのが楽しいという場合もありますが、多くは必需品なので苦痛も伴います）や、調べるために費やす手

図表13-2　顧客が得られる価値

$$\text{顧客価値} = \frac{\text{ベネフィット（体験価値や課題解決）}}{\text{コスト（時間、手間、費用）}}$$

間や時間など、様々なコストを消耗します。**サブスクやシェアリング・サービスは、そういった買うという行為に伴う、多くのハードルを大きく下げてくれます。**もちろん、モノやサービスを利用するために必要な一定額の支払いは発生しますが、「世の中にある様々な商品の中から、最適な1つを選んで購入すること」を回避できたり、高額な商品を買わずに試せたりするなど、「悩む時間と選ぶ手間が大幅に減る」ことは、現代を生きる消費者にとって非常に大きな価値だと考えます。それは、消費者全員に共通する「時間」を有効に活用できるためです。**買うまでに色々と悩んでいる時間を削減し、その時間を他の自己実現や自己充実のための時間に充てることができるため、サブスクやシェアリング・サービスなどの「持たない消費」は、消費者にとって大きな価値があります。**そして、利用シーンによって求められる価値は異なりますので、その利用シーンに沿った価値提供ができるサブスクやシェアリング・サービスが消費者に受容され、ますます利用されていくことになるでしょう。

　企業側にすれば、何を提供するのかという価値、すなわち存在価値が問われるということです。今の時代でいえば「パーパス」につながるものです。この**存在価値（パーパス）とは、「なぜ」その企業が存在しなければならないのか?という問いの答えや理由です。**その存在理由が消費者を助け、ひいては社会に貢献する価値になります。[2]これは、企業のミッション（自社が達成すべき役割や使命）に通じるもので、[3]英語なら5つの単語までで表現できるくらいシンプルな存在理由が良いとされています。[4] 例えば、エアビーアンドビーの場合であれば、「世界中のどこにでも自分の居場所があること」（Belong Anywhere）で、本書で取り上げた他の事例でも同じようなパーパス（あるいはミッション）を示しています。**このパーパスを大切にしているブランドが成功する理由は、消費者の価値観やニーズに寄り添い、消費者の生活や社会をより良くするという「（企業と消費者の）共通の目的」を保有し、その想いを常に一貫したメッセージとして発信し続けることで、消費者に新しい刺激や前向きな姿勢を与える存在となるためです。その結果、消費者の生活シーンに存在し続けることができ、結果的に収益もプラスになります。**[5]

このように、企業は今、消費者にとって価値がある存在かどうかを問われています。その価値の内容が、先ほど図表13－1で紹介した消費者の様々な利用シーンに関連した価値です。自社の製品が消費者の生活時間における自己実現や自己充実のために、どのような価値を提供するのか、消費者の日々のタスクや利用シーンをどのように解決するのかなど、どのような利用シーンで消費者の生活に「入り込み続けられるのか」を常に問われているということです。

2　Gülmez, E.（2021）Brand Purpose and Purpose-Driven Marketing: The New Digital, El-Gohary, H., D. Edwards & M.S.B. Mimoun（2021）, *Handbook of Research on IoT, Digital Transformation, and the Future of Global Marketing*, Business Science Reference.
　Hsu, C.K.（2017）Selling Products by Selling Brand Purpose, *Journal of Brand Strategy*, 5（4）, 373-394.

3　企業が掲げるミッションとは、自社が達成すべき役割や使命、ビジョンとは、（組織として）そうなりたい姿、バリューとは、社員が持つべき価値観や行動基準とするもの、などのように考えられてきたものです。企業が社会に求められるのはその存在意義であり、特に、近年は、企業理念の中に、存在意義とともに使命や将来あるべき姿も含めて表現するようになってきています。また、この存在意義はパーパスと表現されるようになってきました（山縣正幸（2021）「サービスデザインの組織導入」廣田章光・布施匡章編著『DX時代のサービスデザイン』丸善出版を参照）。

4　Kramer, M.（2017）Brand Purpose: The Navigational Code for Growth. *Journal of Brand Strategy*, 6（1）, 1-9.

5　Hsu（2017）前掲書。

4 「持たない時代」に所有するモノ

ここまで「持たない消費」を中心に考察を加えてきましたが、消費者は、モノを所有しないわけではありません。第6章のペルソナでも紹介したように、自分の趣味に関連するものやお金をかけて生活が潤う、充実するモノ（例えば、「❺自己充実・実現層」のキャンプ用品や、「❹好きなモノだけに囲まれたい層」の音楽鑑賞に関するモノなど）については、積極的に購入し、所有しています。

一方で、オンライン・プラットフォームの進展によって、モノやサービスにアクセスしやすい環境が整いつつあるため、今後もますます所有による消費からアクセスベース消費に向かうことが予想されます。事例で取り上げた企業へのインタビューの中でも、「**サブスクやシェアリング・サービスが普及するための決済手段やインフラはすでに整いつつある**」という意見が多く聞かれました。さらに、第1章で示したような、P：政治的要因、E：経済的要因、S：社会的・文化的要因、T：技術的・環境的要因といった環境変化が後押しとなり、持たない時代のサービスとして、サブスクやシェアリング・サービスが消費を彩っていく時代が、もうすぐそこにきています。

このような時代においては、**消費者にとって関心の高いモノ（大切なモノ）だけが所有され、それ以外のモノは、サブスクやシェアリング・サービスが主流になっていく**でしょう。ただし、これらのサービスは気軽に利用できるだけに、自己管理ができないと、サービスにまみれていくことになります。そんな生活が楽しいと感じる層もいますし、必要なモノやサービスを絞り、取り入れる消費者もいます。企業は、どのような消費者像が自社の提供したいサービスにフィットするのか、という点の検討と、消費者の生活パターンに「どのように」入り込んでいくのかという価値提案をもとにサービスを設計していく必要があります。

サービスを設計する際に気をつけるべきポイントは、第3章でも示したように、ライフスタイルの充足度を高めていくことです。この要素が、サブスクの満足度につながりますので、色々なものを試すことができる、その商品やジャンルに対する関心が高まる、本当に価値のあるものに巡り会える、ＱＯＬ（生活の質）が高まる、といった点などをふまえ、提供価値と利用シーンとをセットで設計していく必要があるでしょう。

なお、サブスクやシェアリング・サービスを利用しない層も一定数います。彼らに利用しない理由を確認したところ、利用頻度の低さ、支払った以上の利得（元）が取れるかの不安、解約の手間、などが関係していました。サブスクやシェアリング・サービスの市場の広がりを考えると、生活の中で必要なもの、利用されるものでなければ、市場拡大の機会にはつながりにくいため、利用シーンがイメージできないものはサービスとしての普及は難しいと考えます。

5 「持たない消費」への対応

企業はどのような点に配慮してこれらのサービスを実施していくべきなのでしょうか。これまでの調査やインタビューなどから明らかになった点は、次の5つです。

①サブスクの利用はゴールではなく関係を深めるためのスタート

サブスクを利用してもらうことは最終的なゴールではなく、スタートです。費用的な負担に対するハードルが下がれば、消費者にとってもメリットが大きくなります。そのため、顧客の獲得につながりやすいでしょう。しかし、本当のスタートは契約後です。特に、顧客ファースト（顧客志向）なサービスになっていなければ、契約は続かず、すぐに解約されてしまいます。エアークローゼットの天沼社長が「メーカーが商品開発にコストをかけるのに対し、サブスクはお客様とのリレーションシップが一番重要[6]」と話すように、常に顧客の求める価値に沿うことが顧客志向であり、それが顧客との関係性の構築につながります。具体的には、プラットフォームに蓄積される顧客の利用履歴データの分析を通じて、あるいは、顧客とのやりとりの中で得た意見やコ

6 『WWD』2021年9月6日号の記事より引用。

メントから顧客ニーズを把握し、商品の改良やサービスの改善につないでいくなどの実践を通じて、個々の消費者に対応することです。1つの契約関係の中から次の課題を見つけて解決につないでいくことで満足度や信頼性が高まり、継続して利用し続けてもらえるようになります。そのための日々の改善と課題を解決していくことが、長期的な関係性の構築において必要です。

この関係が深まれば、関連商品を利用してもらう（クロスセル）の可能性や、よりハイグレードなサービスへのアップセルの可能性も高まります。もし、関連する商材が自社内にない場合は、他社や異業種とのコラボレーションなども1つの方法です。

②在庫の負担を減らす仕組みを設計する

企業にとって大きな負担となる在庫の問題は、従来のビジネスにおいても同様に存在する課題です。ただし、サブスクの場合、ニーズに沿った品揃えを用意することが契約の継続にも影響するため、在庫として確保しておかなければならないコストは大きくなることが予想されます。高額な商材の場合はリース企業を活用し、品揃えの幅が求められる場合はノウハウのある他社の協力を得るなど、サブスクというビジネスを継続できる仕組みの設計が必要になります。

③短期的な利益を求めてはいけない

サブスクというキーワードに興味を持ち、これを事業に取り入れたい実務の方も多いでしょう。注意したいのは、「持たない消費」のビジネスは、利用しやすい金額で契約のハードルを下げ、プラットフォームを通じた利用のしやすさと顧客を中心とした発想で、モノを売るという発想からコト（体験）を提供する存在になることで顧客との関係性を構築し、段階的に収益につないでいくモデルであるということです。そのため、短期的な収益を求めてしまうと成功しにくくなります。

過去に撤退した企業などをみてみると、サブスクに短期的な利益を求めようとする場合や、モノを売るまでを中心とした従来型のビジネスモデルと同じように評価される組織の場合、このビジネスを継続し続けることが難しいようです。[7]

④シェアリングやリサイクルの要素が必要

②③とも関連しますが、サブスクを展開する場合、継続的な利用を促すための顧客とのコミュニケーションや配送費用、メンテナンスや回収に伴う費用など、売り切り型のマーケティングよりも様々な費用やコストが継続的にかかります。そのため、事例で紹介したアイカサやエアークローゼットのように、他人と共有するシェアリングの要素を含むビジネスモデルや、サブスクラ

7　サブスクリプション振興協会へのインタビューより。

イフや無印良品の家具の事例のように、回収後のリサイクル（再利用）が重要になります。消耗品の場合、このようなシェアリングは難しいため、収益的な課題が大きいと考えられます。

⑤「持たない消費」に適した商材

香水や化粧品などのように、1回使うと他人と共有しづらいモノの場合は、消費者側の好みや商品が理解されると直接購入されてしまう（つまり、サブスクを卒業して退会する）ことが考えられます。同様に、嗜好性が強すぎる商材もサービスを継続するのは比較的難しいと考えられます。むしろ、**他人と共有できる可能性が高く、嗜好性の強すぎない商材が、サブスクやシェアリングにはふさわしい**と考えています。

本書の執筆を進めていく中で、サブスクは、消費者にとっては価格という最も大きなハードルが下がるため、関係を持ちやすくなること、一方で、企業にとっては収益構造のあり方を変えることになるため、従来の売り切り型のマーケティングから発想を変えなければならないことがわかってきました。収益のあり方が変わるということはビジネスモデル構造も変わるということです。さらに、プラットフォームを通じた接点は、従来のチャネルとは異なる新しいチャネルであり、そこでの消費者との関係のあり方も、売って終わりではなく、長く関係を続けていく必要があるため、購買を超えた関係性の構築が必要になります。次の第14章では、こうした消費者との関係性の構築について、マーケティング全般に関わる視点で再整理していくことを試みていきます。なお、シェアリング・サービスについてはサブスクのサービスに組み込まれる形で活用されている様子がうかがえますので、次の第14章で併せて述べます。

第13章のポイント

- 利用シーンや頻度の違いによって、消費者から求められる価値は異なる。消費者の生活シーンに入り込むためには、企業は存在価値（パーパス）を明確にし、共感してもらえる存在になる必要がある。特に、長期的な関係を構築するためには、ライフスタイルの充足度を高める必要がある。
- サブスクの契約はゴールではなく関係を深めるスタートであると考えて取り組み続けなければならない。
- モノのサブスクで、大きな課題の1つは在庫であり、その負担を減らすための仕組みとしてリースやシェアリングなどの仕組みを活用することが重要である。また、利益回収までの期間がかかるため、短期的な利益を求める風土の企業では成功しない。

第14章

「持たない時代」のマーケティング

1 マーケティングの「4P」を、「持たない時代」のマーケティング対応へ

最後に「持たない時代」のマーケティングを考えていきます。

前章までは、プラットフォームを通じたサブスクやシェアリング・サービスという新しい消費について考えてきました。その現象を理解するために、消費者への調査とこの市場で成長している企業の事例を整理してきました。ここから明らかになってきた点は、所有を前提としないことで、モノを通じた消費者と企業の関係のあり方も変わってきているという点です。

サブスクとはモノを利用しやすい価格で提供する形態であり、「価格によって消費者と関係を作り出すための新しいアプローチの1つ」でもあります。 本書で取り上げてきた事例におけるシェアリングの要素は、例えば、エアークローゼットの場合は、他の消費者と衣類を共有しますし、アイカサも傘を、カレコも自動車を共有して利用します。少し共有とは異なりますが、サブスクライフでは使用した家具は中古として販売しますし、無印良品は使い終わった家具をメンテナンスし、次の利用に活用します。これらの観点から、**サブスクとシェアリングはビジネスモデルとしての相性が良く、企業が用意したモノを消費者同士で共有することで、消費者も支出を抑えることができます。**

その意味では、本来、所有（購買）が前提であれば「支出」を伴うため、色々なモノを気軽に試したりできなかった商品でも、利用しやすい金額で、さらに必要なときに（プラットフォームを通じて）アクセスしやすい状況になり、活用できるため、消費者の心理的なハードルを大きく下げることができます。それによって消費者とつながりやすくなり、利用してもらう機会（接点）を増やすことができます。つまり、これまでのマーケティングよりも消費者に近づきやすくなります。そのため、企業側としては、サブスクやシェアリング・サービスに反応する消費者をそのままの現象として理解し、事業に落としこむのではなく、新しい消費のあり方の「きざし」としてうけとめ、サブスクやシェアリング・サービスを、消費者を顧客にするための新しいアプローチの手段として理解すべきでしょう。

それに応じて、従来のモノを販売するためのマーケティングの施策である「4P」（Price、Product、Place、Promotion）を「持たない時代」のマーケティングのあり方に対応させていく必要があります。ただし、4Pの視点の限界から、顧客志向のマーケティングの視点として、1990年にローターボーンによる「4C」が提唱されました[1]。4Pは1960年に提唱されたもので、高度成長期における右肩上がりの市場成長期でのマーケティングの戦術として使いやすいものでしたが、市場が成熟した時代においては、より顧客志向のマーケティングのあり方としての4Cが求められてきました。この4Cでは、モノ（Product）を売るのではなく、顧客の欲求やニーズ

1 Lauterborn, B. (1990) New Marketing Litany; Four P's Passe; C-Words Take Over, *Advertising Age*, 61 (41), 26.

を理解し、それに沿った価値を提供すること（Consumer wants and needs）、消費者が支払うのは、価格（Price）だけではなく、取得のために移動したり時間をかけたりするコスト（consumer's cost）でもあること、売る場所（Place）を用意するだけではなく、より便利に入手できる場所を設計すること（Convenience to buy）、買ってもらうためのプロモーション（Promotion）ではなく、顧客との対話を通じたコミュニケーション（Communication）を設計することが顧客志向で考えるマーケティングとして提唱されてきました。そこで本書では、この顧客志向の4Cの視点を含めながら、デジタル技術が進展した「持たない時代」のマーケティングのあり方に4Pを対応させていきます[2]。

Price（価格）を、顧客が支払う（価格も含めた）様々なコストであると考えた場合、サブスク型にすることで、持たずに消費する権利が得られますので、購入に伴う費用や時間なども含めたコスト、購入に伴うリスクを大きく下げることが可能になります。その意味では、顧客にとって得られる価値の部分が大きくなるため、有益なアプローチであるといえます。

ただし、長期的な関係を前提とした利益の回収が必要ですので、長く利用し続けてもらわなければなりません。そのため、製品（Product）に顧客の欲求やニーズに沿った価値を追求する必要があります。つまり、**ペルソナをイメージし、その生活シーンに入り込む理由となる存在価値（Purpose）を中心に置きながら、製品を通じて、どのようなコトを体験してもらうのか、とい**

2　デジタル時代に対応したSAVE（Solution、Access、Value、Education）という考え方も参考にした（Ettenson, R., E. Conrado & J. Knowles（2013）Rethinking the 4P's, *Harvard Business Review*（https://hbr.org/2013/01/rethinking-the-4-ps：2021年10月25日アクセス）および、Kumar, D.（2021）*Marketing in the Digital Age*, SAGE.を参照）。

ったサービス要素をデザインしていくことが肝要です。

そして、接点の中心となる場も従来のチャネル（Place）から、プラットフォーム（やそれを取り巻く企業サイトやＳＮＳ）を中心とした直接的な接点になります。プラットフォームは常にインターネット上に存在しているため、より便利に入手できる場を設計することでもあります。特に、ライフスタイルの充足度を高めることが満足度にも関係するため、飽きない工夫を設計するとともに、シェアリングの要素を含めたビジネスモデルにすることでコストを抑えたり、消費者の費用的な負担をより軽くしたりするなどの工夫も必要になります。それが資源の無駄の削減にもなり、パーパスとして達成すべき社会的貢献にもつながります。そして、**直接的な接点であることのメリットは他社の影響を気にせず、直接、顧客とコミュニケーションを取ることが可能になる**ことです。

そのため、単に販売するためのプロモーション（Promotion）ではなく、顧客との対話を通じたコミュニケーションとなり、そのコミュニケーションでは、これまでの購買を中心とした関係から脱却し、日々の利用シーンや接点を通じて形成される自社と顧客とのつながりを設計することが必要です。そのためには、単に使い方を紹介するだけにとどまらず、自社の「世界観」やこだわりなどを伝えたりすることで、**購買を「超えた」顧客との関係性（エンゲージメント：Engagement）を深めていくチャンスとして、接点を有効に活用するマーケティングのあり方へ**

と転換していくことが求められてきます（エンゲージメントを含めたそれぞれの要素については、後ほど詳しく触れていきます）。

　ここまでを図表14－1に整理しました。従来のマーケティングの4Pの価格をサブスク型にした場合、製品には、その存在価値（パーパス）を提供するためのサービスデザインの設計が必要となり、販売場所は従来のチャネルから、直接接点を持つ場としてのプラットフォームに、プロモーションによる説得は、エンゲージメントを高める活動へと転換していくことが必要になります。

　久保田（2020）[3]でも、こういった時代のブランドのあり方として、アクセスしやすい存在と生活に溶け込む存在の2つの方向性が求められることが示されています。持たない時代にビジネスを展開するということは、アクセスのしやすさを高めることと同時に、長期的な関係性を構築するための生活に寄り添っていくスタイルも求められます。そのため、具体的なアプローチの仕方も当然、変わってきます。

図表14-1　従来のマーケティング視点と「持たない時代」のマーケティング視点

従来のマーケティング（4P）	顧客志向のマーケティング（4C）	「持たない時代」のマーケティング
価格（Price）	価格も含めた様々なコスト（Consumer's cost）	利用しやすい金額によるサブスク型（Subscription）
製品（Product）	顧客の欲求やニーズに沿った価値（Consumer's wants and needs）	存在価値（Purpose）を基本に、モノのサービス要素の設計
販売場所（Place）	より便利に入手できる場の設計（Convenience to buy）	シェアリングの要素を含めたプラットフォーム（Platform）の設計
プロモーション（Promotion）	顧客との対話を通じたコミュニケーション（Communication）	使用シーンや接点を通じた顧客とのエンゲージメント（Engagement）

出典：筆者作成。

3　久保田進彦（2020）「デジタル社会におけるブランド戦略：リキッド消費に基づく提案」『マーケティングジャーナル』39(3), 67-79。

その際に重要な点は、これまで説明してきたとおり、価値提供です。顧客を中心とした価値提供型のマーケティングでは顧客の生活シーンをイメージしながら、その生活の中で価値を提供し続けることに加えて、飽きずに長く使い続けてもらうような工夫が必要です。

持たない時代のマーケティングのあり方として、ここで取り上げたそれぞれの視点をさらに解説していきます。

2 ペルソナと存在価値をイメージしながら、「モノのサービス部分」をデザインする

まずは、図表14－1で示した「持たない時代」の「製品」のあり方に必要な視点について示していきます。

第13章でも触れましたが、サブスク型にビジネスを転換する場合、飽きさせずに長く利用し続けてもらうためには、従来のように売って終わりではなく、モノ（製品）のサービス部分をよりしっかりと設計していく必要があります。

その際に大切になるのがペルソナであり、第5章で分析した消費者タイプを参考にしながら、自社と関係を持ってくれそうなペルソナを設計し、ビジネスを組み立てていくと良いでしょう。

その際は、第13章で整理した利用シーンや頻度を自社の製品と照らし合わせて検討していただけ

れば幸いです（図表14－2）。

プラットフォームを通じた消費者との接点は、新しい顧客を獲得する機会につながります。**サブスク型で展開することで価格面でのハードルが下がり、トライアルが促せるため、これまで接点を持てなかった層に向けたサービスとしてビジネスを設計することが良さそうです。**

事例で紹介した無印良品の場合、新生活を始める大学生や新社会人を中心に利用がなされていることから、新しい層との接点が構築できます。サブスクの契約が続く数年間は、無印良品と接点を持つことができます。家具は無印良品の中で生活基盤を支える最も重要なアイテムであり、アプリの「ムジパスポート」（MUJI passport）を通じて、家具を中心としたライフスタイルの提案を行うことにより、クロスセルを促し、自社のこだわりや姿勢について理解を

図表14-2　最適な市場の検討

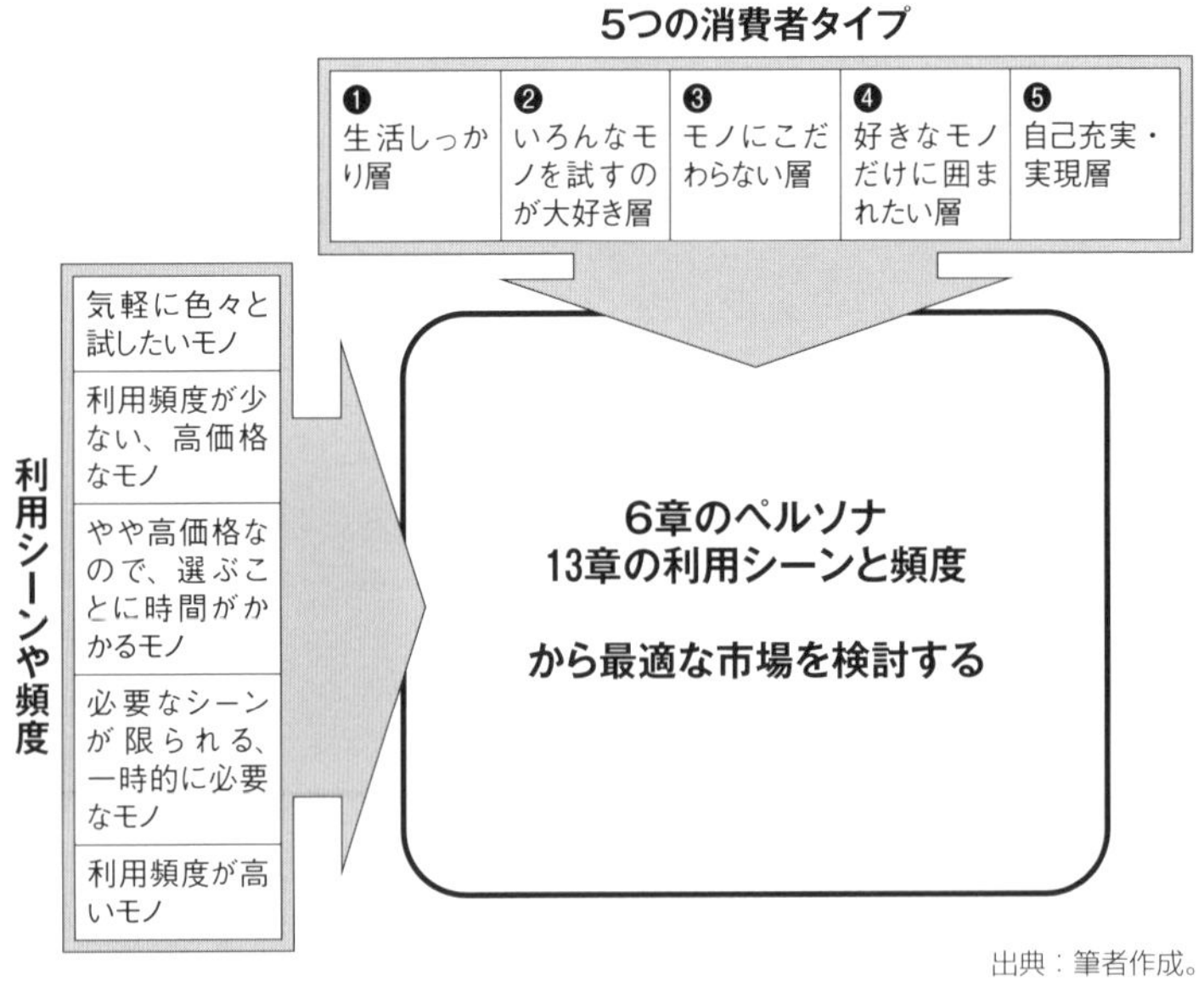

出典：筆者作成。

深めてもらうことで関係性が高まり、将来のファンの育成にもつながります。

次に、製品のサービス部分の設計について検討していきます。これまでのモノづくりでも、製品のサービス部分の大切さについては議論されてきました。図表14－3は製品コンセプトの図です。製品コンセプトの中心には、消費者にとっての「中核となるベネフィット」としての製品の核（コア）があり、それを表現する製品の形態、周辺的な付随機能が周りを取り巻いています。この周辺の付随機能としてのサービスは、アフターサービスやその他の付加価値としての差別化の1つとして取り上げられることも多い存在でした。近年、このサービス部分がモノとしての製品部分より大きな役割を占める「サービス・ドミナント・ロジック」の考え方が提唱され、そこでは顧客のモノやサービスの利用を通じた相互作用から生まれる「価値共創」が理想とされています[4]。ただ、モノづくりを中心としてきた企業にとって、一気にその発想に転換するのは難しいと考えます。そこで、流れとしては、

図表14-3　製品コンセプト

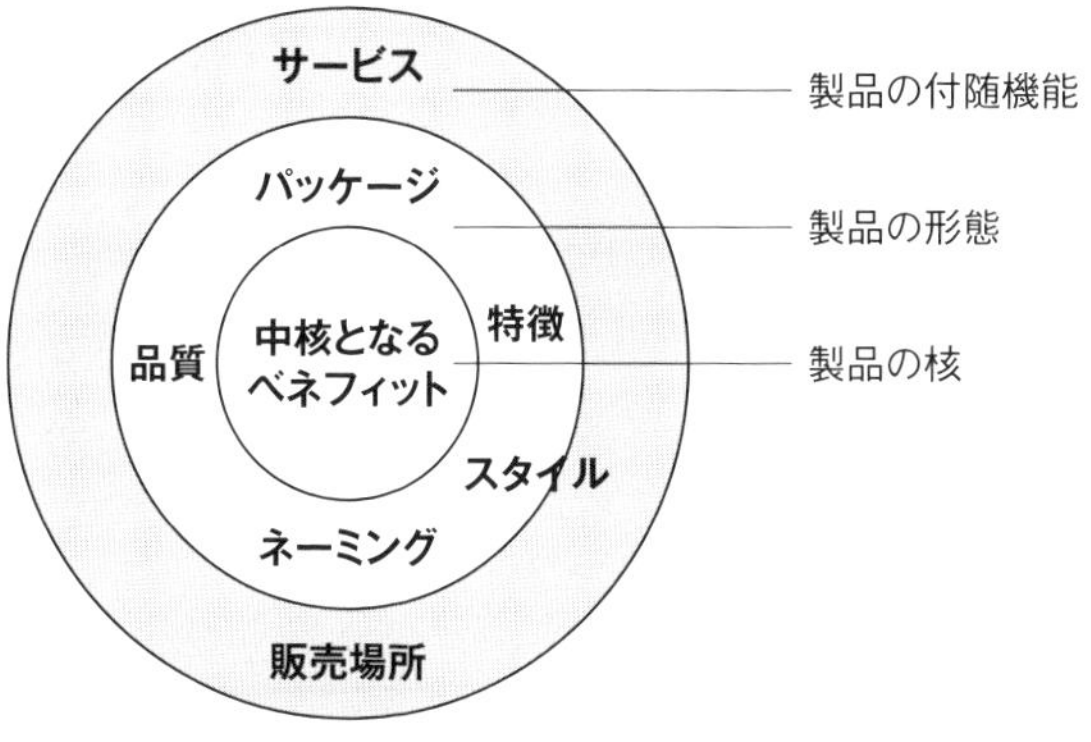

出典：コトラー・アームストロング・恩藏[5]より引用。

4　松村潤一・藤岡芳郎・今村一真（2020）『ケースで学ぶ価値共創マーケティングの展開：新たなビジネス領域への挑戦』同文舘出版。

5　Kotler, P. & G. Armstrong (2012) *Principles of Marketing*, 14th ed., Person Education.（フィリップ・コトラー、ゲイリー・アームストロング、恩藏直人（2014）『コトラー、アームストロング、恩藏のマーケティング原理』丸善出版）。

まず、従来のモノ売りのスタイルから、サブスクで求められる顧客の要望やニーズに沿って、付随機能の要素を検討し、徐々に理想的なサービスのあり方を設計していくのが良いと考えます。メーカーであればこれまでのビジネスを通じて、顧客ニーズを知ること、さらにそこから発見されたインサイト（顧客本人も気づいていない新しい視点や利用の仕方）を理解する努力を継続してきたと思います。仮に、自社にロングセラー製品があれば、「なぜ」（why）売れ続けてきたのかを検討することからヒントを得るのも良いでしょう。売れ続けるには何らかの理由や意味があると思います。これまでのビジネスを通じた知見を活用することは、新しいビジネスのあり方を検討する機会になります。[6]

図表14-4　「スチーマー ナノケア」と「温感かっさ」

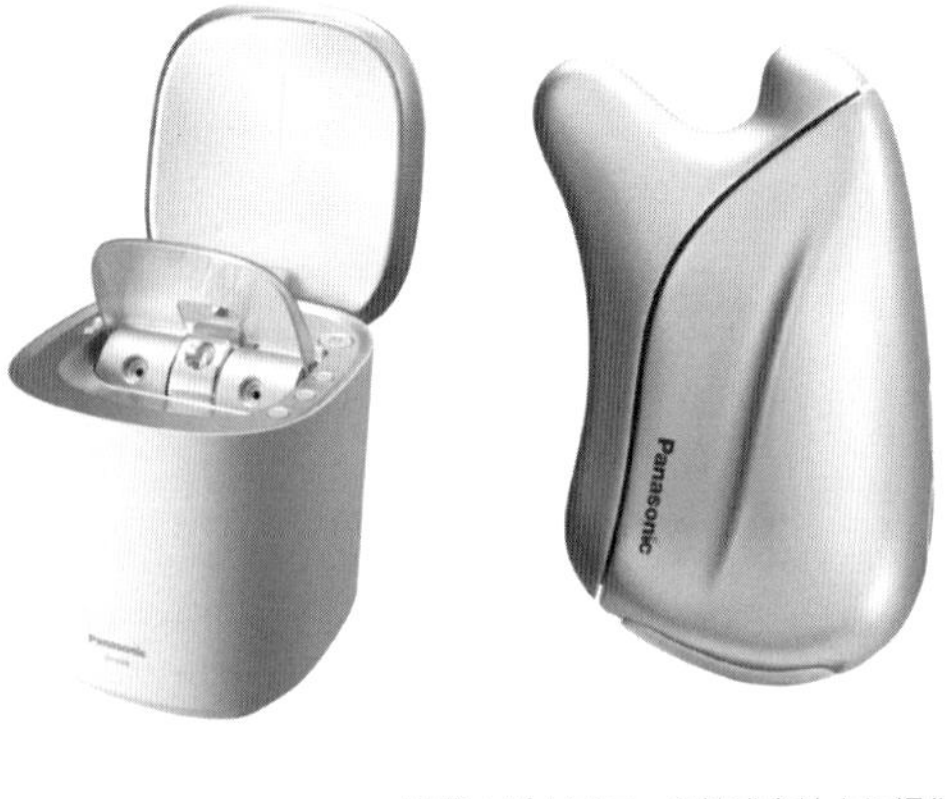

出典：パナソニック株式会社より提供。

なお、メーカーの取り組みとして、良い取り組みだと感じたのが、パナソニックが提供する高額美顔器「スチーマー ナノケア」と「温感かっさ」のセットのサブスクです（図表14－4）。パナソニックの方に聞いたところ、「こういった取り組みは、まだまだ試行錯誤の段階なので、トライアルアンドエラーですね！」という感想をいただきましたので、これから改良を続けていく

6　サービスデザインの設計には、廣田・布施（2020）前掲書が参考になります。

取り組みだと思いますが、このサービスの利用者は徐々に増えて好調な様子です。高額なので購入の決断が難しい、使いこなせるか、という不安もありながら、試してみたいという要望に応えることが定額制のサブスク型であれば可能となります。利用期間中に、定期的な肌診断のサービスを行ったり、その肌質に合った化粧水をプレゼントしたりしながら、メールで製品の手入れやメンテナンス、肌に合ったお手入れの案内を送り、接点を持ち続けることと、飽きないような仕掛けが継続的な利用につながっています。この飽きないような仕掛けづくりの設計は、プラットフォームとも関わります。

3 プラットフォームの価値を設計する

次にプラットフォームについて示します。

先ほども触れましたが、サブスクやシェアリング・サービスのようなビジネスモデルを導入するということは、従来のリアルな流通チャネルとは異なり、プラットフォームを通じて、直接、顧客との接点を持てる機会（チャンス）であると捉えるべきです。

この接点を最大限に活かすために、プラットフォームは、利用しやすい環境を作り続けることが求められます。エアビーアンドビーはゲスト・ジャーニーに沿って、3クリック以内で予約が完了することや使いやすさを追求したアップグレードを行なっています。カレコもPCやスマートフォンを通じてアクセスすればいつでも予約して利用できます。アイカサも現在地周辺のアイカサスポットを探し、「借りる」ボタンを押した後、スポットにあるQRコードをスキャンすれば簡単に利用できます。このように、使いたいと思った時にすぐにアクセスできること、プラットフォームの使いやすさを追求することで、利便性を高めていくことが必要です。

近年、クレジットカードやQRコード決済など、様々な非接触型決済が大きく普及しつつありますが、この非接触型決済も「持たない消費」に役立っています。カレコもアイカサも、クレジットカード決済情報をアプリに登録した上での利用となるため、返却を滞納すればするほど利用料金（課金額）が高くなっていくため、借りっ放しや使いっぱなしで放置される状態を減らすことが可能になります。利便性を高めるということは、いつでも決済ができる状態を作り出し、必要な時に必要なだけ借りられる状態にすることでもあります。決済を握っているということは、結果的に（ずっと借りたままだと課金が高まっていくため）モノの返却を促すことにもつながります。高いアクセス性を持つプラットフォームには、この利便性と決済の2つの機能を中心に設計していく必要があるでしょう。これはシェアリングの要素を高めるためにも役立ちます。

事例で紹介してきた企業の多くは、サブスク型の中にシェアリングの要素も含んでいます。例えば、エアークローゼットでは定額での貸し出しが行われる中、利用者は他の人と洋服をシェア

しています し、アイカサでもカレコでも利用者同士は傘や車をシェアしています。無印良品の家具も使い終われば修繕して再利用し、サブスクライフも2次流通へと展開していきます。それによって価格や利用コストを抑えることが可能です。食品などの消耗品の場合はシェアリングには向かないかもしれませんが、それ以外のモノであれば、このシェアリングの要素を含めた提供を検討していくことが可能でしょう。

なお、自社で取り扱っていないモノが必要な場合、他社とのコラボレーションも有効です。事例で取り上げたエアークローゼットは洗濯洗剤の「アタックZERO」や「ゴディバのチョコレート」を同梱して届けたり、旅行会社との企画やベビー用品企業などとコラボレーションしたりすることで、接点の幅を広げています。[7] 業種の異なる企業同士がコラボレーションすることで、双方の顧客層にアプローチできるため、新規の顧客層が広がる機会を期待できたり、メディアにおいて話題性が高まったり、事業領域間でのシナジーが期待できる、信頼性が高まるなどの効果も考えられます。

ここまでを整理しますと、プラットフォームに求められる要素は、利便性と決済機能でアクセスしやすい状態を作りつつ、シェアリングの要素を含めることで収益構造を高め、自社で提供できないモノは異業種とのコラボレーションを併用することでサービスの幅を広げることが可能になります。このようなビジネスモデルの設計を通じて、飽きずに長く利用してもらえる仕組みを構築することが可能になります。

---

7 「2021年12月最新！　エアークローゼットのコラボ！　4年分のおまけを全公開」(https://poyotan.com/aircloset-collaboration/) を参照。

4　購買を「超えた」関係性―エンゲージメント―

最後にエンゲージメントについて示します。

近年、ブランド研究においても、長く買い続けてもらうための購買を中心とした関係性だけでなく、日々の接点や利用を通じた消費者と企業（ブランド）との関係性である「エンゲージメント」にも注目が集まるようになってきました。エンゲージメントとは、例えば、企業が発信する内容を消費者が「フォロー」したり、「いいね！」したり、コメントをしてくれたり、情報を他人にシェア（共有）したり、ブログを読んでくれたりといった企業と消費者とがゆるやかに関わり、つながっていく関係です。特に近年のデジタル化やインターネットの進展で消費者の行動が可視化できるようになったことで、こういった企業と消費者の関係が構築できるようになってきました。具体的には、製品を使っているときにその企業のことについて考えたり、製品を使うことで自己に幸せや喜びをもたらし、自信を持たせてくれたり、常に使いたい存在になっているなどのように、**単に購買の対象であるだけではなく、普段の利用や経験を通じた接点から、企業とゆるやかにつながっている（関係が維持されている）状態です。**

しかしそもそも、エンゲージメントを高める必要があるのでしょうか。モノを所有せずアクセスペースで消費するようなリキッド型を好む消費者は、（図表5－3で示したように）ブランドや企業にエンゲージメントを求めていない可能性もありますので、従来のソリッド消費のように、ブランドを所有することで得られる愛着などのような強いつながりは不要かもしれません。そのため、どの程度のエンゲージメントがふさわしいのかは今後、検討すべき大きな課題です。

ただ、筆者（高橋）のエンゲージメントに関する近年の研究では、エンゲージメントを高めると、最終的に収益につながることがわかってきました。（サブスクやシェアリング・サービスの事例ではありませんが）筆者と服飾雑貨SPAブランドを展開する企業との共同研究を通じた成果を少しお伝えします。エンゲージメントの要素（心理的・感情的・行動的なつながり）を高めることで、満足度やロイヤルティが高まり、購買頻度や購買金額の増加、顧客であり続ける期間が長くなることなどの収益性にプラスになる関係が明らかになりました[8]。サブスクやシェアリング・サービスにおいても、エンゲージメントが低すぎると解約されてしまう可能性も考えられます。また今は、どのサブスクも小さな規模の企業が多く存在している群雄割拠の状況で、市場が伸びていこうとする段階にありますので、顧客の奪い合いはそれほど激しくないかもしれません。しかし、徐々にサービスが拡大し、大手企業が参入してきた場合、同じカテゴリーやジャンル内でのサブスクビジネスも競争が激しくなる可能性があります。そういった状況をふまえ、企業側としては顧客との関係性を維持するために、このエンゲージメントの視点は非常に重要になると考えます。

8　髙橋広行（2022）「購買履歴データを含めたカスタマー・ブランド・エンゲージメントの包括モデル：服飾雑貨SPAブランドの顧客データを用いた実証研究」『マーケティングレビュー』3(1), 53-61。

また、どのような施策を行えばエンゲージメントが高まるのかわからないという意見もよく聞きます。このあたりはまだ研究が少なく、正解がわからない部分もありますが、エンゲージメントの向上につながるような先行研究や事例をいくつか紹介しますのでヒントにしてください。

1つは、先ほどのエンゲージメントの説明でも少し触れましたが、いいね！やフォローだけの関係よりも、アプリをきちんとアップデートしてくれる、プッシュ通知をONにしてコラムなどを読んでくれる、また、SNSなどの投稿にコメントをくれる関係や、顧客自身がコラムやブログを発信してくれるような関係は、顧客とのエンゲージメントを高める施策として特に有効です。例えば本書の事例で取り上げたアイカサでは、プッシュ通知を「ON」にしておくと、設定したエリアの天気予報を伝えてくれます。常に寄り添ってくれているという存在感を感じさせてくれます。

他の施策案としては、従来のロイヤルティ・プログラムと呼ばれる、優良顧客を維持・育成するためのCRM（カスタマー・リレーションシップ・マネジメント）の施策もヒントになると思います。CRMを実践してきた企業も多いと思いますが、このような施策において一般的なのは、消費者の「利得」につながる支援（例えば、誕生日のノベルティや、購入に伴うポイント制度、会員特典としてのクーポンの発行など）でした。しかし、**エンゲージメントを高めるためには、利得（経済的メリット）の側面だけでなく、「感情的なつながり」を高める施策なども有効になりそうです。**

例えば、ヤッホーブルーイングの「よなよなエール」では、ファンとの大規模なオンラインイベントを行ったり、新商品情報だけでなく、「よなよなエールの楽しみ方」「おいしい飲み方」「知識を深める」「こだわりを伝える」といったコンテンツを継続的に発信したりしています。これらの日々の施策を通じて、企業に対するエンゲージメントを高めることに成功しています。[9] このような情報発信やファンとの集い、さらには、優良会員だけが参加できるイベントや、ファンであることを示すことができる取り組みなどは、（利得だけの関係よりも）共感を持って企業と長く付き合ってくれる顧客の獲得につながっていきますので、個々の企業の風土や姿勢に沿った施策を色々と実践していただきたいと思います。

5　最後に―「持たない時代」のマーケティングに向けて―

最後に、ここまでの内容をまとめます。

サブスクやシェアリング・サービスは、プラットフォームを通じて、顧客との新しい接点を構築するためのアプローチの1つで、契約してもらうことがゴールではなく、そこからが関係性の始まりであると考えます。利益を回収していくために、きちんと関係性を維持していくことが重要です。ただし、利益を回収するという目的だけでなく、新しい顧客や、将来のファンの発見や育成につなげられるチャンスでもあります。そのためには市場の消費者タイプを想定しながら、

9　佐藤潤（2021）『18年連続増収を導いた ヤッホーとファンたちとの全仕事』日経BP。

ペルソナとともに自社の存在価値（パーパス）を意識し、単なるモノの提供ではなくサービスとしての要素を高めることで経験（コト）を提供するための価値設計が必要です。SNSなどを活用しながらサービスに共感してもらい契約への誘導を行います。プラットフォームの利便性と決済システムによって、必要な時に、必要なだけアクセスできる仕組みを構築しつつ、シェアリング要素によって収益構造を高め、必要に応じてコラボレーションを併用することで、飽きずに長く使い続けてもらうサービスを設計します。さらに、プラットフォームは直接、顧客とコミュニケーションを取ることが可能ですので、[10] 利得（経済的なメリット）だけでなく、感情的なつながりを高

図表14-5 「持たない時代」のマーケティング

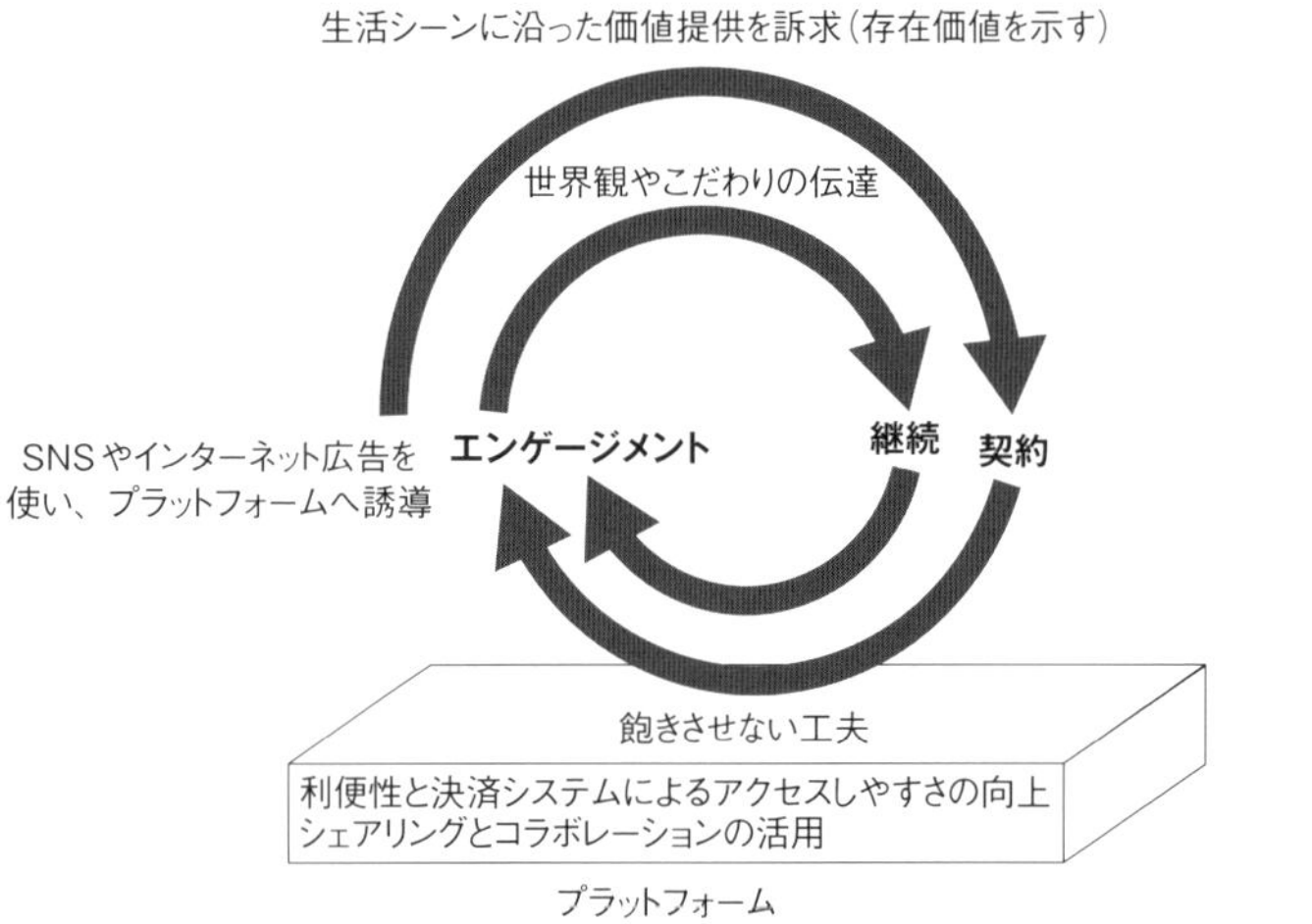

出典：筆者作成。

10 その意味ではDtoC（Direct to Consumer/Customer）でもあります。佐々木康裕（2020）『DtoC：「世界観」と「テクノロジー」で勝つブランド戦略』NewsPicksパブリッシングによれば、DtoCの定義は、「新しい消費の価値観を持つミレニアル世代以下のターゲットに対し、ユニークな世界観を下敷きにしたプロダクトとカスタマーエクスペリエンス、SNSや店舗を通じた顧客とのダイレクトな対話、垂直統合したサプライチェーンを武器に、ベンチャーキャピタルから資金調達を行い、短期間に急成長を目指すデジタル＆データドリブンなライフスタイルブランド」と示されるものです。

める工夫を通じて継続的な関係を構築し、収益へとつないでいくことが重要です（図表14－5）。今後、他社にスイッチされないためにも、世界観や自社のこだわりを伝えることで顧客とのエンゲージメントを高め、維持することできれば、ファンの育成とともに長期的な売上やクロスセルだけでなく、次の（他の関連の）サブスクにつないでいくことも可能になります。

これからさらにデジタル化が進み、顧客と直接つながりが持てる時代になり、プラットフォームが進展していくことで、必要に応じてすぐに使えるという「アクセスのしやすさ」に価値を感じる消費者がますます増えると思います。また、少子高齢化がさらに進む時代において、1人の顧客と向き合い、長く利用し続けてもらう関係性の向上もますます重要になっていきます。そのため、売り切り型のマーケティングから、顧客との関係性を前提としたマーケティングの時代に入らざるを得なくなっていくでしょう。

プラットフォームやビジネスモデルを設計していく中で、課題になるのが在庫や物流面などのバック・システムです。このシステムも、自社で調整できないのであれば、協力企業の支援を得ながら進めていくことも必要でしょう。一度、実践して終わりではなく、その経験で得た知見を、次のビジネスに活かし、成功するまでビジネスモデルを設計し続ける必要もあるかもしれません。

本書で紹介した事例や調査結果からみえてきた課題も多くありますが、時代の変化に応じた新しいアプローチに取り組んでいくことが重要だと考えます。

ここまで、「持たない時代」のマーケティングのあり方について提言してきました。「サブスクやシェアリング・サービスをやってみたいけど、どうすればいいの?」と思ってここまで読んでくださった読者の中にも「こんなにいろんな要素を考えられないよ!」という方もいらっしゃると思います。しかし、近年のビジネス業界で飛び交っている用語は、世の中の消費者から企業が求められているコトの現れだと思います。サブスクやシェアリング・サービスも新しい消費のあり方ですが、それを表層的に捉えるのではなく、本質的な部分で検討するために、さらには、この大きな消費の変化が起こっている時代を把握するための必要な要素を伝えるために、周辺で議論されている考え方を援用しながら、マーケティングを実践する際に求められるエッセンスを抽出してきたつもりです。

しかし、まだ、世の中はこういったビジネスに向かおうとする初期の段階にあり、成功パターンがみえづらい状況での提言です。大胆に提言した部分もありますので、もしかしたら今後、ここで提言した内容を修正する必要が出てくるかもしれません。読者の皆さんの実践を通じた知見をフィードバックしていただきながら、これからも「持たない時代」のマーケティングに一緒に取り組んでいきたいと思います。

資料編

資料編① リサーチ結果のウエイトバック補正

Tリサーチ集計、および、多変量解析では、ウエイトバック補正をかけた値を採用しています。ウエイトバック補正は、以下2つの観点に基づいています。

（1）Tリサーチパネルのパネル特性により、性年代で回収率に偏りが生じます。そのため、①シェアリング利用者、②サブスク利用者&シェアリング非利用者、③サブスク非利用者&シェアリング非利用者の3区分別に、性年代別回収率を考慮した区分別性年代構成比を算出しました（A補正値）。

（2）Tリサーチでは、16-69歳一般男女（1437s）に加えて、オーバーサンプルとしてシェアリング利用者（423s）、サブスク利用者（707s）を回収しています。本リサーチ結果をもとに、シェアリング利用者、サブスク利用者を実際の出現率に合わせています（B補正値）。

A補正値、B補正値を掛け合わせた本来の構成比に合わせて、全回収数2567sのサンプル数を割り戻しています（WB補正後サンプル数）。WB補正後サンプル数÷実回収数＝WB補正値とし、シェアリング・サブスク利用区分、性年代別にウエイトをかけています。

サンプルサイズとウエイトバック補正

区分	シェアリング・サブスク利用区分	性年代	実回収数	実回収数合計	A補正値 区分別性年代構成比（実勢比）	B補正値 シェアリング・サブスク利用率（実勢比）	WB補正後サンプル数	WB補正後サンプル数合計	WB補正値
①	シェアリング利用者	男性16-29歳	26	466	12%	3.0%	9	77	0.34
		男性30-39歳	67		15%		11		0.16
		男性40-49歳	87		10%		7		0.08
		男性50-59歳	91		8%		5		0.06
		男性60-69歳	27		2%		2		0.07
		女性16-29歳	38		16%		13		0.33
		女性30-39歳	65		20%		16		0.25
		女性40-49歳	39		12%		9		0.23
		女性50-59歳	19		4%		4		0.19
		女性60-69歳	7		2%		2		0.26
②	サブスク利用者 &シェアリング非利用者	男性16-29歳	91	1,148	16%	30.7%	123	788	1.35
		男性30-39歳	117		11%		86		0.73
		男性40-49歳	163		10%		80		0.49
		男性50-59歳	194		10%		75		0.39
		男性60-69歳	107		8%		66		0.62
		女性16-29歳	114		14%		107		0.94
		女性30-39歳	122		11%		89		0.73
		女性40-49歳	120		10%		80		0.67
		女性50-59歳	80		6%		48		0.60
		女性60-69歳	40		4%		32		0.80
③	サブスク非利用者 &シェアリング非利用者	男性16-29歳	73	953	8%	66.3%	130	1,702	1.79
		男性30-39歳	69		7%		123		1.79
		男性40-49歳	110		12%		196		1.79
		男性50-59歳	94		10%		168		1.79
		男性60-69歳	106		11%		189		1.79
		女性16-29歳	73		8%		130		1.79
		女性30-39歳	70		7%		125		1.79
		女性40-49歳	113		12%		202		1.79
		女性50-59歳	116		12%		207		1.79
		女性60-69歳	129		14%		230		1.79
			実回収合計	2,567			WB補正合計	2,567	

資料編② 第3章の因子分析、重回帰分析について

【サブスク利用時の気持ちの因子分析結果】

因子分析という統計解析手法で分析を行っています。因子分析とは項目間の関係性から、背後にある潜在的な変数を抽出する分析です。

ここでは、サブスクを利用するときの気持ちについて聴取した項目を因子分析した結果、4つの潜在的な因子を抽出することができました。因子名は、所属する項目から解釈して名づけています。共通性が0・3未満の項目を削除し、因子数は固有値1以上を基準としました。因子抽出法は最尤法、回転法はKaiserの正規化を伴うバリマックス法です。

累積寄与率：51・1％（第1因子：21・7、第2因子：13・6、第3因子：9・7、第4因子：6・1）

【サブスク利用時の気持ち因子と商材満足度の重回帰分析結果】

重回帰分析という統計解析手法を用い、因子分析で抽出された4つの因子を独立変数（X）に、満足度を目的変数（Y）に置き、分析を行っています。各因子の係数が高いほど、表頭のカテゴリの利用満足度に与えている影響の大きさを表しています。例えば「音楽、映画」において、第1因子の「ライフスタイル充足」

サブスク利用時の気持ちの因子分析結果（因子負荷量）

	第1因子 ライフスタイル充足	第2因子 サブスク不満	第3因子 他者とのつながり	第4因子 所有からの解放	共通性
信頼性係数（クロンバックα）	**.917**	**.831**	**.875**	**.833**	-
色々なモノを試すことができるので嬉しい	**.721**	.115	-.161	.128	.575
その商品・ジャンルに対する関心が高まった	**.704**	.173	.122	.080	.547
本当に価値のあると思えるモノに巡り会えた	**.652**	.177	.256	.113	.536
QOL（生活の質）が上がっている	**.651**	-.015	.250	.163	.512
コストパフォーマンスの高い生活ができている	**.639**	.027	.198	.254	.513
理想のライフスタイルに近づいている	**.627**	.086	.304	.228	.545
広く浅く見識が広まっている	**.627**	.262	.108	.132	.491
次々に新しいものを使用したい	**.617**	.277	.164	.030	.486
色々なモノを生活に取り入れてみたくなった	**.601**	.272	.185	.210	.513
自分の趣味・嗜好を分かってくれていると実感できる	**.579**	.157	.358	.181	.521
自分で買っても良いと思えるものがあった	**.566**	.292	.039	.142	.428
様々なジャンルに精通している気がする	**.561**	.236	.354	.110	.508
お金の節約になっている	**.484**	.021	.148	.241	.314
人気のないモノしか提供されていないことが不満	.177	**.700**	.091	.037	.531
他の人が利用していると、使いたいモノが入手できず、不満	.145	**.643**	.287	.160	.543
サービス提供者に返送・返却するのが面倒	.121	**.594**	.038	.144	.389
モノやコンテンツにじっくり向き合っていない感じがする	.104	**.570**	.307	.117	.443
使っていることの恥ずかしさを感じる	-.025	**.552**	.543	.040	.602
利用しているモノやコンテンツを企業から監視されている気がする	.120	**.531**	.212	.114	.355
定額なので使い続けていないと焦る	.188	**.488**	.124	.137	.308
他の利用者とのつながりを意識するようになった	.181	.472	**.599**	.154	.637
企業や社会とのゆるやかなつながりを感じる	.328	.407	**.510**	.212	.578
流行に乗り遅れたくない	.348	.350	**.505**	.128	.515
他人の好みを知ることができるので嬉しい	.351	.371	**.495**	.130	.523
流行の最先端にいる	.462	.261	**.482**	.123	.529
モノに対する目利きが養われた	.426	.348	**.447**	.254	.567
捨てる罪悪感から解放される	.345	.322	.172	**.658**	.685
次々に買い換える罪悪感から解放される	.384	.345	.246	**.532**	.610
所有することの煩わしさから解放される	.457	.190	.036	**.505**	.502
環境保全に役立っていると感じる	.369	.314	.295	**.460**	.533

が1単位増えると、「音楽・映画サブスク」の満足度は0・371上昇する、というような見方をします（切片は、因子の条件を無視したときにベースとしてどれくらい満足度があるかという数値です）。＊印が付いている因子は、係数が統計的に有意であるということを表しており、「n.s.」は統計的には有意ではないことを表しています。第一因子は表中にある5つすべての商材で有意に正（プラス）の影響を与えていることがわかります。

サブスク利用時の気持ちの因子と商材満足度の重回帰分析結果

	音楽、映画			自動車			飲料、食料品			時計、バッグなどのファッション小物			フォーマルファッション		
	係数	P値	有意判定	係数	P値	有意判定	係数	P値	有意判定	係数	P値	有意判定	係数	P値	有意判定
切片	4.039	0.000	***	3.779	0.000	***	3.559	0.000	***	3.451	0.000	***	3.578	0.000	***
第1因子 ライフスタイル充足	0.371	0.000	***	0.534	0.000	***	0.503	0.000	***	0.521	0.000	***	0.375	0.000	***
第2因子 サブスク不満	-0.214	0.000	***	0.112	0.101	n.s.	-0.114	0.226	n.s.	0.062	0.448	n.s.	-0.029	0.663	n.s.
第3因子 他者とのつながり	0.027	0.305	n.s.	-0.077	0.259	n.s.	0.041	0.643	n.s.	-0.007	0.936	n.s.	-0.011	0.866	n.s.
第4因子 所有からの解放	0.067	0.015	*	0.186	0.028	*	0.044	0.687	n.s.	0.161	0.133	n.s.	0.282	0.001	***
自由度調整済みR^2		0.212			0.238			0.174			0.204			0.208	

（注）係数は標準化係数，従属変数：各サービス満足度，$^{*}p<0.05$，$^{**}p<0.01$，$^{***}p<0.001$，n.s.有意差なし

資料編③　第5章の因子分析、クラスター分析について

本書の第5章で行った因子分析とクラスター分析の詳細な結果をこちらに掲載します。

様々な価値観やそれに伴う尺度項目は、先行研究で用いられた尺度を参考にしました。主な引用元は、以下の表のとおりです。

調査を実施した際は、日本語に翻訳した質問項目に違和感がないか執筆メンバーで何度も確認した後、調査では全部で65項目の質問項目を確認しました。その回答データに対して探索的因子分析を行いました。本来、それぞれの概念に沿って開発された尺度もありますが、持たない時代の消費行動において、過去の尺度では今の時代に沿わない項目も考えられることから、開発された尺度の枠（概念）にとらわれずに、共通性の低いものは削除し、因子を探索的に発見していきました。

ただし、ソリッド消費・リキッド消費に関連する尺度（質問項目）は、調査時点で世の中に存在していなかったことから、尺度項目に使えそうな質問をソリッド・リキッド消費の視点で設計していきました。プレ調査として吉田秀雄記念事業財団の研究調査で回答を得たデータに対して因子分析を実施し、共通性の低いものを削除したのちに、今回の研究の質問項目として入れました。

この多様な価値観の項目から得られた因子が以下の8因子となりました。それぞれの基礎統計量と天井効

果、フロア効果を確認したのちに、尺度としての信頼性や内的妥当性、弁別妥当性を確認しました。ＡＶＥがやや0・5に満たないもの（シェアリング志向、エコノミー）もありますが、概ね高いスコアです。弁別妥当性の確認のために構造方程式モデルにて因子間の相関係数を確認しました。構造方程式モデルの適合度に関連する係数は、CFIが0・952（0・90以上であてはまりがよい）、RMSEAが0・025（0・05未満であてはまりがよい）、SRMRが0・046（0・05未満であてはまりがよい）となり、高い適合度を示しました。因子間の相関係数は0・2から0・4のものが多く、0・5を超えた因子間相関は、モノ愛着因子とモノ豊かさ因子で0・65となっていましたが、相関係数の平方で、ＡＶＥの平方根を超えるものがなかったことから、弁別妥当性も問題ないことを確認した後、それぞれの因子得点を用いたクラスター分析（ユークリッド距離による大規模ファイルのクラスター分析）を行いました。クラスターは、4分類、5分類、6分類を作成し、因子得点の平均スコアをメンバーで確認し、最も実在しそうな5分類（タイプ）を採用しました。なお、第6章のインタビューは、このクラスター分析の結果に沿って、定量調査で回答してくれたT会員に調査依頼をかけて実施したのですが、インタビューに回答してくれた方々の価値観は、それぞれのクラスターの価値観に非常によく一致していました。この様子から、クラスター分析による消費者の5タイプはリアリティのある分類になっていると考えています。

各価値観の尺度項目の引用元

価値観	尺度の引用元
物質主義（Material values）	Richins, M.L. (2004) The Material Values Scale: Measurement Properties and Development of a Short Form, *Journal of Consumer Research*, 31(1), 209-219.
Self-Control（Spending）	Bearden, W.O. & K.L. Haws (2012) How Low Spending Control Harms Consumers, *Journal of the Academy of Marketing Science*, 40(1), 181-193. Haws, K.L., W.O. Bearden & G.Y. Nenkov (2012) Consumer Spending Self-Control Effectiveness and Outcome Elaboration Prompts, *Journal of the Academy of Marketing Science*, 40(5), 695-710.
グリーンコンシューマー（Green Consumer）	Haws, K.L., K.P. Winterich & R.W. Naylor (2014) Seeing the World through GREEN-Tinted Glasses: Green Consumption Values and Responses to Environmentally Friendly Products, *Journal of Consumer Psychology*, 24(3), 336-354.
環境主義（Environmentalism）Green purchase behavior	Matthes, J. & A. Wonneberger (2014) The Skeptical Green Consumer Revisited: Testing the Relationship Between Green Consumerism and Skepticism Toward Advertising, *Journal of Advertising*, 43(2), 115-127.
Economic Consciousness	Lastovicka, J.L., L.A. Bettencourt, R.S. Hughner & R.J. Kuntze (1999) Lifestyle of the Tight and Frugal: Theory and Measurement, *Journal of Consumer Research*, 26(1), 85-98.
バラエティ・シーキング（Variety Seeking）	Donthu, N. & D. Gilliland (1996) The Infomerical Shopper, *Journal of Advertising Research*, 36 (March/April), 69-76. Pick, D., J.S. Thomas, S. Tillmanns & M. Krafft (2016) Customer Win-Back: The Role of Attributions and Perceptions in Customers' Willingness to Return, *Journal of the Academy of Marketing Science*, 44(2), 218-240.

価値観の測定に用いた質問項目と基本統計量、信頼性、内的妥当性

価値観（因子名）	質問項目	因子負荷量	平均	標準偏差	天井	フロア	クロンバックα	CR	AVE
1. 環境への配慮	環境に害を与えない商品を使うことを重視する	0.804	3.06	0.97	4.03	2.09	0.924	0.916	0.577
	自分の行動が環境に影響を与えないかを考えるようにしている	0.787	3.03	0.98	4.01	2.05			
	私の買い物習慣が、環境に影響を与えていないか気にしている	0.781	2.79	1.01	3.80	1.79			
	地球資源の無駄遣いについて、いつも心配している	0.752	3.01	1.03	4.04	1.99			
	環境に優しいパッケージの製品を買うようにしている	0.750	3.06	0.97	4.03	2.09			
	環境のためであれば、多少の不便を受け入れる	0.743	3.06	0.96	4.02	2.10			
	「環境に良い」という理由で、買う商品を変更したことがある	0.734	2.90	1.06	3.96	1.84			
	たとえ機能が劣っていても、環境に安全な商品を購入する	0.724	2.83	0.96	3.79	1.87			
2. バラエティシーキング	色々なものを試すのが好きだ	0.792	3.12	1.02	4.14	2.10	0.907	0.891	0.576
	よくわからないものでも、試してみるのが好きだ	0.785	2.90	1.04	3.94	1.86			
	馴染み（なじみ）のないモノやサービスでも試してみたい	0.772	2.98	0.99	3.97	1.99			
	バラエティに富んだ人生のために、馴染み（なじみ）のない会社や商品もできるだけ試したい	0.757	2.91	0.99	3.90	1.92			
	常に違う何かを試したい	0.738	2.86	1.02	3.88	1.84			
	バラエティに富んでいることが好きだ	0.707	3.12	0.99	4.11	2.13			
3. お金の管理意識	私は、買い物をする前に、本当に欲しいかどうか、しっかり検討する方だ	0.743	3.70	0.97	4.67	2.73	0.816	0.786	0.480
	私は、自分自身のお金の使い方に気を付けている	0.729	3.71	0.93	4.64	2.78			
	私は、お金の節約のために、欲しいものの買い物を先延ばしにすることができる	0.665	3.64	0.95	4.59	2.69			
	目的を持ってお金を使うことが重要である	0.629	3.89	0.91	4.80	2.98			
4. 転売志向	いらなくなったモノはすぐに転売する	0.891	2.47	1.17	3.64	1.30	0.881	0.834	0.635
	使わなくなったモノはすぐに転売する	0.885	2.45	1.16	3.61	1.29			
	転売することを意識してモノを購入する	0.573	2.20	1.13	3.33	1.07			
5. 選び疲れ	どれを選ぶか迷いすぎて、疲れてしまうことがある	0.834	3.36	1.10	4.46	2.26	0.845	0.814	0.596
	選ぶものが多すぎると、困ってしまうときがある	0.794	3.48	1.06	4.54	2.42			
	どの店で買い物をするのかを選ぶのが難しい場合がある	0.679	3.23	1.04	4.27	2.19			
6. シェアリング（共有）志向	モノは買うよりも、借りたり、シェアして使う方が良い	0.756	2.32	1.02	3.34	1.30	0.827	0.746	0.495
	車を買うよりも、カーシェアを使い続けたい	0.691	2.21	1.13	3.34	1.08			
	常に買わないで済む方法（借りる、共有する）を考えている	0.661	2.32	1.07	3.39	1.25			
7. モノに対する愛着	モノに愛着を持って使い続けたい	0.778	3.86	0.92	4.78	2.94	0.856	0.762	0.519
	良いモノをずっと長く使い続けたい	0.748	3.98	0.91	4.89	3.07			
	モノの性能をしっかり比較・検討した上で購入したい	0.626	3.92	0.95	4.87	2.97			
8. モノを通じた豊かさ	モノ（財産）を得ることが、人生での最も重要な目標の一つだ	0.744	2.72	1.08	3.80	1.64	0.779	0.751	0.502
	モノを多く所有することが、人生を豊かにする	0.737	2.58	1.03	3.61	1.55			
	高額な家や車、洋服を所有している人に憧[illegible]	0.640	2.67	1.17	3.84	1.50			

5分類（タイプ）の因子得点の平均値（図表5－5の元データ）

価値観（因子名）	❶生活しっかり層（517s）	❷いろんなモノを試すのが大好き層（395s）	❸モノにこだわらない層（667s）	❹好きなモノに囲まれたい層（516s）	❺自己充実・実現層（472s）
1. 環境への配慮	0.472	−1.334	−0.046	−0.035	0.700
2. バラエティシーキング	−0.848	0.363	−0.098	0.034	0.726
3. お金の管理意識	0.303	0.170	−0.663	0.255	0.184
4. 転売志向	−0.083	0.001	0.175	−0.272	0.140
5. 選び疲れ	0.610	0.663	−0.239	−1.127	0.346
6. シェアリング（共有）志向	−0.362	−0.226	0.285	−0.381	0.599
7. モノに対する愛着	0.279	0.339	−0.916	0.440	0.225
8. モノを通じた豊かさ	−0.245	0.003	0.086	−0.172	0.333

あとがき

本書を執筆した3名の共通点は、リサーチャーであり、コンサルタントであることです。高橋と財津さんは前職の外資系リサーチ会社の同僚であり、大学院の先輩・後輩の関係です。いつも細かなところに気づいてくれて、和やかな研究会でありながらも、プロジェクトを大きく前進させ、一冊の本として完成することができたのも彼女のおかげです。大山さんは、高橋が以前所属していたマーケティングのコンサルティング会社［日本マーケティング研究所グループ］つながりです。同じ時期に働いていたわけではありませんが、会社のフィロソフィーを知った仲であり、課題の設定や調査結果をスマートに分析してみせてくれる功績は彼の成果です。実務家でありながら、ますます良い研究者になってほしいと思います。

なお、表紙や第6章のイラストは同志社大学 商学部の高橋ゼミ5期生の北村萌さん（当時4年生）に描いてもらいました。読者の方に、本書のイメージやペルソナの魅力がうまく伝わっていたとしたら、それは彼女のステキなイラストのおかげです。同じく5期生の吉田桃湖さん（当時4年生）、1期生（OG）の藤岡桜子さんにも、企業インタビューの文字起こしや文章の推敲を手伝っていただきました。快く、楽しみながら作業を手伝ってくれた3人の高橋ゼミ生・OGにも感謝しています。

同文舘出版の青柳裕之取締役をはじめ、編集部の皆様には非常に丁寧に校閲していただきました。おかげで本当に読みやすくなったと思います。特に、「1ページごとに学びがある、価値のある本を世の中に出していくことが私の使命です！」という青柳氏の想いに本書が応えられていれば、執筆者一同としては本望です。

最後に、財津さんと大山さんが所属するCCCマーケティング総研について紹介しておきます。CCCマーケティング総研は、生活者の消費データ、インサイトや心の変化、さらには社会環境や経済情勢などをふまえ、生活者の皆さまの「ちょっといいな」を実現するために、2020年7月に発足しました。『生活者の皆さまと共に歩み、共に考えるシンクタンク』として生活者の意識把握に努め、その声をもとに「データ」×「クリエイティブ」×「コンサルティング」の力によって未来創造に伴走していく研究所です。今回の共同研究でもサブスク利用者、シェアリング・サービス利用者への質問票調査や生活者インタビューの実査、消費傾向分析を行っています。本書を通して、新しいライフスタイルの一端を皆さまにお届けすることができたのであれば、幸いです。これからも、様々な形で生活者の皆さまの「ちょっといいな」を発信し続けてくれることを期待します。

高橋広行・財津涼子・大山翔平

〈謝辞〉

本書は、同志社大学商学部髙橋広行とＣＣＣマーケティング株式会社との共同研究「アフターコロナ時代における消費者理解とデジタル活用、ライフスタイル研究」（２０２０年～２０２２年）をベースに構成したものです。

なお、本研究は、令和２年度 科学研究費 基盤（Ｃ）研究課題番号［２０Ｋ０１９７７］「スマート・フォンのデザイン性と利用状況がブランド・ロイヤルティに与える影響」、令和３年度 科学研究費 基盤（Ｃ）研究課題番号［２１Ｋ０１７５５］「ブランドの存在意義を基軸としたブランディング研究：ＤｔｏＣブランドを対象に」の交付、および、同志社大学『新型コロナウイルス感染症に関する緊急研究課題プロジェクト』「アフターコロナ時代における価値観変化とデジタル・コミュニケーション」の支援を受けて行った研究成果の一部でもあります。

執筆にあたり、インタビューや資料提供に応じてくださり、ご協力くださった以下の皆様に深く感謝いたします。

・Airbnb Japan 株式会社の皆様
・三井不動産リアルティ株式会社 シェアリング事業本部 シェアビジネス営業部 事業企画グループ
亀田嘉晴様、小林東樹様、企画部広報グループ 三吉朗雄様
・株式会社 Nature Innovation Group 代表取締役 丸川照司様、広報 加藤薫様
・株式会社エアクローゼット 代表取締役社長 天沼總様、ＰＲチーム 鈴木遥様
・株式会社ソーシャルインテリア 代表取締役 町野健様、経営企画・マネージャー 小宮明子様
・株式会社良品計画 生活雑貨部 住空間担当部長 湯崎知己様、広報・ＥＳＧ推進部 安藤愛様
・一般社団法人日本サブスクリプションビジネス振興会 事務局長 吉澤哉様

■著者プロフィールと執筆担当章

〔編者〕

髙橋 広行（たかはし ひろゆき）【はじめに、第1章、第5章、第7章、第8章、第13章、第14章】

同志社大学 商学部 教授、同大学院 博士課程前期課程 教授（兼任）

博士（商学）、1級販売士／専門社会調査士

専門は「マーケティング」（特に、消費者行動やブランド論）

主な著書：『消費者視点の小売イノベーション：オムニ・チャネル時代の食品スーパー』（有斐閣、2018年）。『カテゴリーの役割と構造：ブランドとライフスタイルをつなぐもの』（関西学院大学出版会、2011年、日本商業学会および日本広告学会 学会賞）。2021年度 日本マーケティング学会、ベストオーラルペーパー賞、2014年度 日本マーケティング学会、ヤングスカラー賞など、様々な学会で受賞している。企業との共同研究だけにとどまらず、顧問や専門家アドバイザーとしても活動することで、現場に役立つ研究を目指す。京都市消費生活審議会委員、京都市大規模小売店舗立地審議会委員、京都市土地利用調整審査会委員なども担当しており、マーケティングと消費者行動の視点を含めた幅広い領域で、京都の商業振興にも携わっている。

CCCマーケティング総合研究所（CCCマーケティング総研）

URL：https://www.cccmk.co.jp/thinktanks

蔦屋書店や共通ポイントプログラム「Tポイント」を企画・運営するカルチュア・コンビニエンス・クラブ株式会社のグループ会社である、CCCマーケティング株式会社のシンクタンク機関。T会員の皆さまの消費データや質問票調査をもとに、産業レポート、オリジナル調査結果を定期的に発信。メーカー、小売業など様々な企業の課題解決のためのコンサルテーション実績も多数。

〔著者〕

財津 涼子（ざいつりょうこ）【第4章、第6章（大山と分担）、第10章、第11章】

ＣＣＣマーケティング株式会社　ＣＣＣマーケティング総合研究所

関西学院大学大学院 経営戦略研究科修了（経営管理修士（専門職））

市場調査会社にて消費財メーカー、通信事業会社などの調査企画、実査、分析業務などに携わる。２０１１年にカルチュア・コンビニエンス・クラブ株式会社（ＣＣＣ）に入社。Ｔポイント加盟企業やメーカーへのデータ分析、活用提案、プロモーション企画提案などを担当し、現在は、ＣＣＣマーケティング総合研究所に所属。

大山 翔平（おおやましょうへい）【第2章、第2章コラム、第3章、第6章（財津と分担）、第9章、第12章】

ＣＣＣマーケティング株式会社　ＣＣＣマーケティング総合研究所

マーケティング戦略企画、商品開発支援などを行うマーケティングコンサルティング会社を経て、２０１８年にＣＣＣ入社。データ分析／活用提案を担当するデータアナリストとして現部門へ。購買行動のビッグデータの研究活動やマーケティングへの利活用や研究活動を推進。